未读 | 探索家

未读之书，未经之旅

爱问百科
我们身边的生命
THE HANDY SCIENCE
ANSWER BOOK FOURTH EDITION

〔美〕匹兹堡卡耐基图书馆 / 编著　许楠楠　赵德岷 / 译
Carnegie Library of Pittsburgh

北京联合出版公司
Beijing United Publishing Co.,Ltd.

CONTENTS

目 录

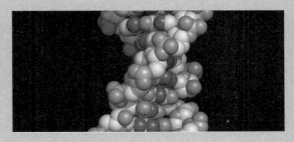

生 物 // 006

植物世界 // 084

动物世界 // 144

鸣谢

匹兹堡卡耐基图书馆建于 1902 年，这座图书馆中的书籍涵盖面甚广，并且每年回复众多读者的 6 万多个科学技术问题。于是，图书馆决定把人们问得最多、最常见、最与众不同却又常挂在口边的问题，做相应解答并收录成册，编成了《爱问百科》系列图书，这也正是这座图书馆成了本书作者的原因。

第 4 版《爱问百科》的修订与更新要归功于詹姆斯·博比克（James E. Bobick）与内奥米·巴拉班（Naomi E. Balaban）的帮助；他们两位都曾参与此前数版的编撰。博比克多年来一直担任匹兹堡卡内基图书馆科学与技术部主任，直至功成身退。任职期间，他还在匹兹堡大学信息科学学院教授科技资源课程，并与卡耐基-梅隆大学的林恩·贝拉尔（G. Lynn Berard）合著了《科技资源：写给信息专家与研究人员的指南》。博比克拥有图书馆学硕士与生物学硕士两个硕士学位。

巴拉班在匹兹堡卡内基图书馆做了 20 多年的图书馆参考馆员，在科学技术领域见多识广。除了与博比克合作修订前两版的《爱问百科》之外，两人还合著了《生物学问答手册》和《解剖学问答手册》。巴拉班曾学习过语言学，还拥有图书馆学硕士学位。

詹姆斯和内奥米把这套书献给桑迪和凯里：“我们欠你们的太多了！”此外，两位作者还感谢家人一直以来的积极参与、鼓励和支持，尤其是在修订期间给予的理解、包容。

引言

　　自 1994 年第 1 版《爱问百科》问世以来，人类在各个科学领域里的进展数不胜数，小至微观，大到全球——从弄清基因如何相互作用并最终制造出蛋白质来，到重新定义行星、将冥王星从八大行星中剔除。作为一个整体，人类在环境和资源可持续发展方面的意识也与日俱增，加大对可再生能源的利用、减少温室气体的排放、建造"绿色"家园。

　　第 4 版《爱问百科》继续保持了信息丰富、可读性强的特点，是一部趣味横生的教育书籍。本书涵盖了近 2000 个科学问题，涉及诸多领域，例如科学、技术、数学、医药等。这些问题极为有趣、与众不同；常在口边，却又难于解答。书中的统计数据已经更新至 21 世纪。我们既高兴又激动，最新这一版有各种改动、增添和修订，继续丰富和完善匹兹堡卡耐基图书馆科学与技术部门最初编著的首版《爱问百科》。

INTRODUCTION

BIOLOGY
生 物

细胞

细胞学说是什么？

细胞学说认为，所有生物都是由基本单位——"细胞"构成的。细胞是最简单的生命形式。许多生物体都以单细胞生物的形式存在。结构更为复杂的生物（例如动物、植物）是多细胞生物，它们由各种特化细胞组成，这些特化细胞无法长时间单独存活。所有细胞都来自已经存在的细胞，通过分裂繁殖，它们又和更早期的细胞产生了联系。在地球生命悠久的进化历程中，这些早期的细胞已经发生了方方面面的变化。从根本上讲，生物体的任何活动都在细胞层面上进行。

哪些科学家有关于细胞的重大发现？

17 世纪末期，罗伯特·胡克（Robert Hooke，1635—1703）在一块木塞片中看到了细胞，而后又在骨骼、植物中观察到了细胞，是第一个观察到细胞的人。1824 年，亨利·杜特罗歇（Henri Dutrochet，1776—1847）提出动物的细胞结构与植物的细胞结构类似。1831 年，罗伯特·布朗（Robert Brown，1773—1858）发现了细胞核；也就在这段时期前后，马提亚·施莱登（Matthias

Schleiden，1804—1881）命名了核仁（细胞核内的一种结构，与核糖体的产生有关）。1839 年，施莱登与西奥多·施旺（Theodor Schwann，1810—1882）提出了一个基本的细胞学说；前者认为细胞是组成植物组织的基本单位，而施旺则将范围延伸至动物，认为细胞也是动物组织的基本单位。1855 年，罗伯特·雷马克（Robert Remak，1815—1865）首次提出了细胞分裂。1888 年，维尔海姆·冯·威尔顿 - 哈茨（Wilhelm von Waldeyen-Hartz，1836—1921）观察到了细胞核中的染色体，并为其命名。沃特尔·弗莱明（Walther Flemming，1843—1905）是第一个在细胞分裂全过程中观察到染色体变化的人。

"细胞"一词是怎么来的？

"细胞"一词是英国科学家罗伯特·胡克率先使用的，他用这个词描述了 1665 年他在木塞片中看到的细胞。胡克用 30 倍的显微镜，看到了木塞片中的小隔间，并将其称为"细胞"（cellulae）。这是个拉丁词，意为"小房间"，因为观测到的细胞室让他想到了僧人们住的小房间。我们现在用的"细胞"（cell）就是从这个词变化而来的。据他估计，1 平方英寸（6.45 平方厘米）的木塞片中大约有 12.59712 亿个小房间（细胞）。

原核细胞和真核细胞有什么区别？

真核细胞比原核细胞复杂得多。真核细胞内分隔成一个个小室，细胞质内有被膜包裹着的细胞器。真核细胞的主要特征就是细胞核外有核膜覆盖。细胞核能将遗传信息的活动与其他细胞代谢活动分隔开来。

原核细胞与真核细胞的对比		
特征	原核细胞	真核细胞
生物体	真细菌类以及古细菌类	原生生物、真菌、植物、动物
细胞大小	通常情况下，直径 1 ~ 10 微米	通常情况下，直径 10 ~ 100 微米
被膜的细胞器	无	有
核糖体	有	有
细胞的分裂方式	二分裂	有丝分裂与减数分裂
DNA 的位置	拟核	细胞核
膜结构	较少	多种
细胞骨架	无	有

哪些生物体类群有原核细胞，哪些有真核细胞？

所有生物体可分为三大类群，又名生物三域，它们是：真细菌域、古细菌域、真核生物域。真细菌域和古细菌域由含有原核细胞的单细胞生物组成。真核生物域由 4 个界组成：原生生物界、真菌界、植物界和动物界。这 4 界中生物体的细胞是真核细胞。"真核"的意思就是"真正的核"。

细胞器是什么？

所有真核细胞都有细胞器。人们经常将细胞器称为"小器官"；细胞器有细胞器膜覆盖，结构多孔，具有特定功能。真核细胞的细胞器种类较多，其中包括细胞核、线粒体、叶绿素、内质网以及高尔基体等。

我们身边的生命

细胞中，最大和最小的细胞器是什么？

细胞中最大的细胞器是细胞核。紧随其后的是叶绿体，它比线粒体大得多。细胞中最小的细胞器是核糖体。

植物细胞和动物细胞特有的细胞结构分别是什么？

植物细胞特有的细胞结构有叶绿体、中央液泡、液泡膜、细胞壁以及胞间连丝。而动物细胞特有的细胞结构是溶酶体和中心粒。

真核细胞的主要成分有哪些？

结构	描述
细胞核	
细胞核	体积较大，覆有 2 层核膜
核仁	细胞核中的特殊结构；含有核糖核酸（RNA）与蛋白质
染色体	由染色质（DNA 与蛋白质的聚合体）组成；细胞分裂时形似小棒
细胞质中的细胞器	
细胞质膜	活细胞的边膜
内质网（ER）	遍布细胞的内部膜系统
光面内质网	外表面无核糖体

结构	描述
粗面内质网	外表面有核糖体
核糖体	小颗粒，由 RNA 和蛋白质组成；可附着于内质网，也可在细胞液中自由流动
高尔基体	大量的扁平膜囊泡
溶酶体	膜囊泡（动物体内）
液泡	膜囊泡（多存在于植物、真菌和藻类内）
微体（例如过氧化物酶体）	膜囊泡，内含多种酶
线粒体	由双层细胞膜构成的液囊；内层细胞膜有褶皱，并形成嵴，围住基质
色质体（例如叶绿体）	双层膜结构，包围着内部的类囊体膜；类囊体膜中含有叶绿素
细胞骨架	
微管	微管蛋白亚单位构成的中空管
微丝	实心、棒状的固体结构，由肌动蛋白构成
中心粒	一对中空圆筒状的细胞器，位于细胞中心附近；每个中心粒有 9 组三联体微管（9×3 排列）
纤毛	相对较短的突起物，从细胞表面向外伸展；有细胞质膜覆盖；由 2 个中央微管和 9 组二联体微管组成（9+2 排列）
鞭毛	较长的突起物，由 2 个中央微管和 9 组二联体微管组成（9+2 排列）；有细胞质膜覆盖

细菌、植物、动物的细胞都各有什么异同？

	细菌	植物（真核细胞）	动物（真核细胞）
细胞壁	有（蛋白多糖）	有（纤维素）	无
细胞质膜	有	有	有
鞭毛和纤毛	可能存在	只有几种物种的精子中存在	多见
内质网	无	多见	多见
核糖体	有	有	有
微管	无	有	有
中心粒	无	无	有
高尔基体	无	无	有
细胞骨架	无	有	有
细胞核	无	有	有
线粒体	无	有	有
叶绿体	无	有	无
核仁	无	有	有
染色体	一条裸露的环状DNA	很多；DNA—蛋白质复合体	很多；DNA—蛋白质复合体
微体	无	有	有
溶酶体	无	无	有
液泡	无	通常只有一个较大的液泡	无

细胞核的主要功能是什么？

细胞核是细胞的信息中心，也是遗传信息（DNA）的储藏场所，它控制活真核细胞的所有活动。通常情况下，细胞核是真核细胞中最大的细胞器，含有多条染色体。

对细胞核最早的描述出现在什么时候？

1831 年，苏格兰植物学家罗伯特·布朗（Robert Brown，1773—1858）在研究兰花时，首次对细胞核进行了描述，并为其命名。布朗将这种结构称为"细胞核（nucleus）"。细胞核来自拉丁词语，意为"小坚果""核心"。

所有的细胞都有细胞核吗？

原核细胞没有成形的细胞核。大多数真核细胞都有一个以核膜为界的成形细胞核。成熟的红细胞是唯一没有细胞核的哺乳动物细胞。

细胞质膜有多厚？

细胞质膜的厚度大约只有 8 纳米。8000 多张细胞质膜的厚度才能顶得上一张普通纸张的厚度。

细胞质膜的主要成分有哪些？

成分	功能
细胞表面标记物	自我识别；组织识别
内部蛋白质网络	决定细胞形状
磷脂分子	提供渗透阻挡层和蛋白质的基质
跨膜蛋白	逆浓度梯度进行物质分子的跨膜转运

人体内的细胞有多少？

人体内大约有 100 万亿个细胞。

细胞质膜的主要功能有哪些？

细胞质膜的主要功能是为细胞提供屏障，留住细胞成分，阻挡有害物质进入。细胞所必需的养分可以通过细胞质膜进入细胞；细胞废物也可通过细胞质膜排出。质膜的具体功能取决于其中的磷脂分子和蛋白质的种类。

干细胞是什么？这些细胞有什么功能？

干细胞是一种未经分化的细胞，没有具体功能。这说明特定条件下，干细胞有能力分化产生可变为特定的组织的细胞。干细胞可以用来培植新的心脏，这样的心脏在移植后没有排斥反应之忧。干细胞还能用来恢复受损结构的功能，比方说受损的脊椎。它们还可以用作药物试验中的细胞模型，加快人们找到治疗方案的速度。干细胞的潜在功效让各项试验研究人员大为兴奋，但也颇具争议。

有丝分裂是什么？它分为几步？

有丝分裂期间，脱氧核糖核酸（DNA）先进行复制，接着细胞会分裂成两个子细胞，子细胞与母细胞基因完全相同。虽然人们经常把有丝分裂的过程列为 4 个时期，但实际上，有丝分裂由 6 个阶段构成。

● 间期：为分裂过程进行全面准备。
● 前期：染色体凝缩；核膜消失；纺锤体形成；染色体附着于纺锤丝之上。
● 中期：附着于纺锤丝上的染色体都位列细胞中线上。
● 后期：着丝粒分裂，染色单体分开。
● 末期：分裂出的染色体周围重新生成核膜。
● 胞质分裂：细胞质、细胞膜、细胞器分裂。在植物体内，新的细胞壁形成。

有丝分裂的各个阶段

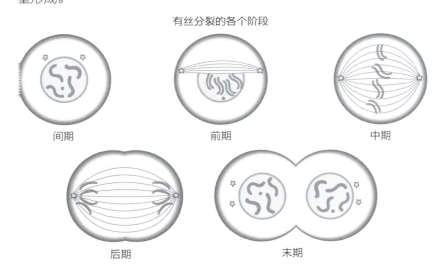

间期　　　　　　　前期　　　　　　　中期

后期　　　　　　　末期

🍃 有丝分裂的各阶段

光合作用是什么？它为什么这么重要？

光合作用（Photosynthesis，英文单词前半部分源于希腊词语"photo"，意为"光"；后半部分源于希腊词语"syntithenai"，意为"放在一起"）指的是植物从光中获得能量，利用二氧化碳和水合成养分的过程。光合作用期间生成的氧气（O_2）对于植物来说其实是废物。光合作用牵扯到两个阶段以及多种成分，最终会为全世界的生物提供养料。光合作用每年的产糖量超过2500亿吨，这不仅是植物的养分来源，还能为所有异养生物体（包括人类）提供食物。

哪些科学家对光合作用的理解做出了重要发现？

在古希腊人和古罗马人眼中，植物的养分来自土壤。最早对这个说法进行验证的人是比利时科学家扬·巴普蒂斯塔·范·海尔蒙特（Jan Baptista van He mont，1577—1644）。他盆栽了一棵柳树，而且只给它浇水。第五年末，柳树的重量增加了164磅（74.4千克），而土壤的重量减少了2盎司（57克）。因此，范·海尔蒙特总结道，植物的所有养分都来自水，而不是土壤。约瑟夫·普里斯特利（Joseph Priestley，1733—1804）则向人们展示了植物对空气的"净化"。

1771年，普里斯特利进行了一项试验。实验期间，他在玻璃容器内放了一根点燃的蜡烛，并让这根蜡烛持续燃烧，直至因氧气耗尽而熄灭。随后，他往玻璃容器内放入植物，让其在容器内生长一个月。一个月后，他又进行了蜡烛实验；这次，他发现蜡烛又可以继续燃烧。普里斯特利的实验向人们展示出植物可以吸收燃烧释放出的二氧化碳（CO_2），还能释放氧气（O_2）。荷兰物理学家扬·伊根霍兹（Jan Ingenhousz，1730—1799）证实了普里斯特利的观点，并强调绿色植物只有在有光照的情况下才能"净化"空气。

最先拿出证据证明光合作用有两个阶段的人是 F.F.布莱克曼（F.F.Blackman，1866—1947）。1905 年，布莱克曼就已经发现光合作用有光反应阶段和暗反应阶段。1930 年，C.B.范·尼尔（C.B.van Niel，1923—1977）提出，光合作用中形成的氧气来自水，而不是二氧化碳；他是第一位提出类似观点的人。1937 年，罗伯特·希尔（Robert Hill，1899—1991）发现，叶绿体在没有二氧化碳的情况下生成氧气必须有光线照射和人工电子受体。

细胞之间如何传递信息？

细胞间的信息传递通过很小的信号分子进行。小信号分子由特定细胞产出，由靶细胞接收。这种信息传递系统运作的距离可长可短。蛋白质、脂肪酸衍生物、气体都能作为信号分子。一氧化氮气体就属于局部信息传递系统的一环，能发出信号，使人体血压降低。
激素是远距离信号分子，必须通过循环系统从产生地运送至靶细胞。植物细胞的细胞壁具有刚性，因此有彼此联通的细胞质，称为胞间连丝。胞间连丝使细胞间可以传递信息。动物体内，使临近细胞间进行物质传递的是间隙连接。

细胞克隆是什么？
人们又是怎样在科研中加以利用的？

细胞克隆，又名有丝分裂，指的是细胞精确复制的过程。多细胞生物的生长与修复离不开这个细胞转化过程。不同种类的细胞有丝分裂的本领也各不相同。有些细胞（例如皮肤细胞）经常克隆，有些细胞（例如神经系统中的细胞）在成熟、分化后就不再增殖了。人们对克隆的研究旨在大量复制细胞，用于各种途径，比如进行基础研究，或是培植移植器官。

细胞的功能会改变吗？

生物体内，细胞的功能越具体，功能改变的概率就越小。然而，有些细胞并没有明确的功能，而且能适应机体的需求变化。骨髓细胞就是哺乳类动物中突出的例子。骨髓细胞负责在血液中生产不同种类的细胞，它能产出红细胞和五种白细胞。原生生物界的黏菌的细胞功能就能发生极大的改变。黏菌的细胞适应性使之可以从单细胞变形虫变为有繁殖能力的多细胞生物，可产出孢子。

人们能制出细胞吗？

现今，美国国家航空航天局（NASA）的所有研究都着眼于在外太空用细胞输送药物成分。这些细胞能在脱水状态下存在，可以安全地长期储存。人造细胞由聚合物制成；这些聚合物的功能与细胞膜类似，却比细胞膜更为坚韧、易于处理。这种聚合物叫作聚合物囊泡，能与其他聚合物交联。研究人员认为聚合物囊泡内可以封装很多种分子，而后输送至特定的靶器官。能运送氧气，还能输送药物成分的人造血细胞就是聚合物囊泡。

人类培养的、存活最久的活人体细胞有哪些？

人类培养且存活最久的活人体细胞是海拉细胞系。所有海拉细胞都取自海莉耶塔·拉克斯（Henrietta Lacks 1920—1951）；她是一位来自马里兰州巴尔的摩市的 31 岁女性，死于宫颈癌。人们从活体组织检查中得到了她的上皮组织，而后经培育成了人类首个持续培养的人体恶性细胞。在此次细胞培养中，科学家们发现，80% ~ 90% 的宫颈癌组织都有人乳头瘤病毒的 DNA。很多生物医学试验都用到了海拉细胞。

细胞为什么会死亡？

细胞死亡的原因很多。很多细胞的死亡都不是自己所愿；比方说，细胞可能会因饥饿、窒息或受损而死。受损的细胞，比如受到病毒感染，或 DNA 遭到改变的细胞经常会程序性死亡。程序性死亡可以剔除有致命突变倾向的细胞、限制病毒的扩散。细胞程序性死亡也是胚胎发育期间的正常部分。青蛙的细胞死亡后，组织得到剔除，使蝌蚪得以变态，成为青蛙。

病毒、细菌、原生生物与真菌

病毒是什么？

病毒指的是有传染性、有蛋白质壳的脱氧核糖核酸（DNA）或核糖核酸（RNA）片段。病毒入侵宿主细胞，占据该细胞用于 DNA 复制的"机器"来进行自我复制。而后，病毒颗粒冲出细胞，散播疾病。

病毒的平均尺寸是多少？

最小的病毒直径约为 17 纳米，最大的病毒长度能达到 1000 纳米（1 微米）。相较之下，大肠杆菌长 2000 纳米，细胞核的直径有 2800 纳米，普通的真核细胞长 1 万纳米。

常见病毒的平均尺寸	
病毒	尺寸大小（单位：纳米）
天花病毒	250
烟草花叶病毒	240
狂犬病毒	150
流感病毒	100
噬菌体病毒	95
感冒病毒	70
脊髓灰质炎病毒	27
细小病毒	20

病毒都在哪里？

病毒可以在任何环境（土地、土壤、空气）、任何物质中潜伏。它可以感染任何种类的细胞——植物、动物、细菌、真菌。

最早在实验室中分离出的病毒是什么？

1935 年，洛克菲勒研究所（现名洛克菲勒大学）的温德尔·斯坦利（Wendell Stanley，1904—1971）准备提取并提纯烟草花叶病毒。提纯后的病毒经沉淀，形成结晶。经此次研究，斯坦利可以证明病毒可以被看作是化学物质，而不是活的生物体。提炼后的晶体也能感染健康烟草植物，因此还是属于病毒范畴，而不仅仅是从病毒中提取出的化合物。之后的研究发现，烟草花叶病毒含有蛋白质与核酸；而进一步研究显示，这种病毒含有具有蛋白质外壳的核糖核酸（RNA）。斯坦利因为这项发现而荣获了 1946 年的诺贝尔化学奖。

病毒是活的生物体吗？

病毒无法独自生长、复制，在宿主细胞之外也并不活跃。它们一旦进入宿主细胞，就会活跃起来。因此，病毒介于有生命和无生命之间，人们并不认为它是活的生物体。

病毒既有 DNA 又有 RNA 吗？

病毒的遗传信息不是 DNA 就是 RNA，而细胞（包括细菌）的遗传信息既有 DNA 又有 RNA。

病毒和反转录病毒有什么不同？

病毒是一种初等的生物体系，这种生物体系具有生命系统的某些特点，例如具有基因组（遗传密码）或是环境适应的能力。然而，病毒无法获得、储存能量，因此它在宿主体外毫无作用。病毒和反转录病毒感染细胞的方法是：首先附着在宿主细胞上，侵入细胞或向细胞注入遗传信息，而后在宿主细胞内进行遗传信息的复制。最后，繁殖出的病毒得到释放，继续寻找并攻击更多的宿主细胞。病毒和反转录病毒的不同之处在于不同的遗传信息复制方式。病毒只有一条单链遗传物质，不是 DNA 就是 RNA。而反转录病毒是由单链 RNA 组成的。反转录病毒一旦侵入细胞，就会收集核苷酸，将自己的遗传物质装配成双链 DNA，拼接到宿主的遗传物质中。反转录病毒最初是由戴维·巴尔的摩（David Baltimore，1938—）和霍华德·特明（Howard Temin，1934—）鉴别出的，他们也因这项发现荣获了 1975 年的诺贝尔生理学或医学奖。

最早发现反转录病毒的人是谁？

1979 年，罗伯特·加洛博士（Robert Gallo，1937—）发现了第一种反转录病毒——人类嗜 T 细胞病毒（HTLV），人类发现的第二种反转录病毒是人类免疫缺陷病毒（HIV）。

噬菌体是什么？

噬菌体又称细菌病毒，是一种能感染细菌的病毒。"噬菌体"一词意为"食细菌者"（bacteriophage，源自希腊语"phagein"，意为吞噬）。噬菌体有一个较长的核酸分子（通常是 DNA），这个核酸分子在多面体状的蛋白质头部内蜿蜒盘绕。很多噬菌体的头部都有一条尾巴。尾巴上伸展出的纤维可以将病毒附着至细菌上。

病毒和类病毒有什么区别？

类病毒是没有蛋白质外壳的 RNA（核糖核酸）小片段，通常会致使植物发病，体积要比病毒小上几千倍。

最先用"朊粒"一词的人是谁？

朊粒是异常的天然蛋白质。1982 年，史坦利·普鲁西纳（Stanley Prusiner，1942—）想要描述一种感染因子，于是就用"朊粒"一词代替了原先的"传染性蛋白质颗粒"。普鲁西纳因此荣获了 1997 年的诺贝尔生理学或医学奖。现在的研究表明，朊粒由大约 250 种氨基酸组成。虽然人们一直都在对朊粒进行研究，但是并未发现任何核酸成分。朊粒与病毒一样都是病原体。

朊粒的传染原理是什么？它与哪些疾病有关？

科学家们还未发现朊粒的确切传染原理。现在的研究表明，朊粒会在溶酶体内积累，而大脑中的满是朊粒的溶酶体很可能会破裂，损坏细胞。病变细胞死后，细胞中含有的朊粒就会被释放出来，攻击其他细胞。人们认为，朊粒会致使生物体罹患传染性海绵状脑病（TSEs）类的疾病。朊粒感染牛后，会使牛罹患牛脑海绵状病（疯牛病）；感染人体后，会使人罹患克雅氏病。

质粒和朊粒有什么区别？

质粒是从细菌染色体中分离出的环状 DNA 分子，体积较小，能自主复制。通常情况下，质粒不存在于细胞之外，且对细菌细胞有益。基因工程中，人们经常用质粒来搭载外源 DNA。朊粒是受到感染的或形状怪异的蛋白质，它会将相连的蛋白质转化为朊粒，进行增殖。朊粒可能会导致大量退行性脑病的出现，比如"疯牛病"或人类的克雅氏病。

细菌是在什么时候发现的？

1674 年，荷兰布料商、公务员安东·范·列文虎克（Anton von Leeuwenhoek，1632—1723）透过一块玻璃透镜对一滴池塘水进行观察，发现了细菌和其他微生物。早期的单镜头仪器对物品的放大倍数在 50 ～ 300 倍之间

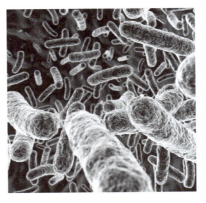

🔵 细菌最早是安东·范·列文虎克在1674 年发现的。自那以后，人们又发现了许多种致病细菌

BIOLOGY

（大约是现代光学显微镜放大倍数的 1/3），让人们得以一窥微生物的未知世界。范·列文虎克给伦敦皇家学会写了一封信，信中他将这些微生物称为"微小动物"。范·列文虎克因为这些早期研究而成了"微生物学之父"。

细菌域中有多少个不同类群？

生物学家在细菌中认定出了至少 12 个不同类群。

主要类群	革兰氏染色反应	特征	示例
放线菌	阳性	产生孢子以及抗生素；存活于土壤环境中	链霉菌
化能自养生物	阴性	存活于土壤环境中，在氮循环中极为重要	亚硝化单胞菌
蓝藻细菌	阴性	含有叶绿素，可进行光合作用；存活于水体中	鱼腥藻属细菌
肠杆菌	阴性	在小肠内部及呼吸道内存活；具有降解物料的能力；不会产生孢子；具有致病性	埃希氏菌属、沙门氏菌，以及弧菌属细菌
革兰氏阳性球菌	阳性	存活于土壤环境中，栖息于动物皮肤和黏膜中；可对人类致病	链球菌、葡萄球菌
革兰氏阳性杆菌	阳性	存活于土壤环境，或动物肠道中；厌氧，可致病	梭菌属、杆菌属
乳酸菌	阳性	在食物生产中极为重要，特别是乳制品生产；可对动物致病	乳酸菌、李斯特菌

主要类群	革兰氏染色反应	特征	示例
黏细菌	阴性	通过分泌黏液、滑动而移动；具有降解物料的能力	软骨霉状菌属
假单胞菌	阴性	需氧杆菌和球菌；存活于土壤环境中	假单胞菌属
立克次氏体、衣原体	阴性	非常小，细胞内寄生虫；对人类可致病	立克次氏体、衣原体
螺旋体	阴性	螺旋状；存活于水体中	密螺旋体、包柔氏螺旋体菌

什么是古细菌?

古细菌（古细菌域）是存活于极端环境下的原始细菌。以下所列的都属于古细菌域：1）嗜热菌（"嗜热"），这种细菌存活于极热环境中，在美国黄石国家公园中的硫黄泉（温度达 140 ～ 176 ℉ /60 ～ 80℃）中也能存活。2）嗜盐菌（"嗜盐"），这种细菌存活于含盐量较高的地区，例如美国犹他州的大盐湖（含盐量在 15% ～ 20% 之间，而海水的含盐量通常是 3%）。3）产甲烷菌；这种细菌利用氢气（H_2）将二氧化碳（CO_2）变为甲烷（CH_4）气体，从而获取能量。

数量最多的生物体类群有哪些?

真细菌类是地球上数量最多的生物体类群。人嘴中的活真细菌数量比地球上哺乳动物的总量还多。

细菌的发现对自然发生说有什么影响？

自然发生说认为，生命可以从无生命的物质中自发地产生出来。意大利物理学家弗朗科西斯科·雷迪（Francesco Redi，1626—1698）是最先向自然发生说发起挑战的科学家之一。雷迪就此进行了实验，其结果是密闭容器中的肉（用玻璃或纱布密闭）不会长蛆，而不密闭容器中的肉会长满蛆虫；这是苍蝇在肉里产卵所致。安东·范·列文虎克发现微生物之后，就自然发生说的争论也有所改变，因为食物变质或许是因为自然自发产生的微生物所致。1776 年，拉扎罗·斯帕兰扎尼（Lazzaro Spallanzani，1729—1799）向人们展示了密封好的烧瓶经煮后，内部不会形成任何物质。1861 年，路易·巴斯德（Louis Pasteur，1822—1895）解开了自然发生说的谜团。他的研究显示，变质食物中的微生物与空气中的微生物相同。因此，他总结道：致使食物变质的微生物来自空气，而不是食物自然生成的。

细菌分类学的经典分类法 用到了哪些标准？

细菌分类学的经典分类法以下列特征为基础，将细菌分为不同的属、种：1）细菌结构特征和形态特征，例如细菌的形状、大小、排列、有无荚膜、鞭毛、芽孢等结构和革兰氏染色反应；2）生理生化特征，例如细菌生长的最佳温度、酸碱度范围、氧气需求、对生长因子的需求、呼吸和发酵终产物、抗生素敏感性以及作为能量来源的糖类种类。

现代细菌学的创始人是谁？

德国细菌学家罗伯特·科赫（Robert Koch，1843—1910）与法国化学家路易·巴斯德是细菌学的创始人。1864 年，巴斯德发明了一种慢慢加热食物和饮料的方法。这种方法能达到足够高的温度，杀死大部分导致食品腐坏、致病的微生物，同时不会对食物造成损坏或凝结。这个方法就是巴氏消毒法。

科赫证明出肺结核是特定种类的杆菌引起的感染性疾病，也因此在 1882 年为公共卫生措施的制定奠定了基础，这些措施的实施大大减少了未来其他疾病的发病率。他分离微生物的实验步骤和方法，以及确定病原体的 4 个先决条件，为医学研究人员在细菌感染控制方面提供了宝贵而深刻的见解。

微生物学的黄金时代指的是哪段时间？

1857 年，路易·巴斯德与罗伯特·科赫的研究开启了微生物学的"黄金时代"，这个时代持续了大约 60 年。这段时期有许多重要的科学发现。约瑟夫·李斯特（Joseph Lister，1827—1912）用苯酚溶液对手术伤口进行护理，推动了无菌手术的出现。保罗·埃尔利希（Paul Ehrlich，1854—1915）人工合成了"灵丹妙药"砷化物，这种药物对治疗人类梅毒颇为有效，也推动了免疫学说的发展。

1884 年，巴斯德的同事伊利·梅契尼柯夫（Elie Metchnikoff，1845—1916）发表了一篇关于吞噬作用的报告。这篇报告阐释了人类体内白细胞吞噬、摧毁微生物的防御过程。1897 年，小县真树（Masaki Ogata）称，传播淋巴腺鼠疫（黑死病）的罪魁祸首是鼠蚤，这解开了困扰人们长达几个世纪的谜团。1898 年，志贺洁（Kiyoshi Shiga，1871—1957）分离出了使人罹患痢疾的细菌。这种细菌最后定名"痢疾志贺氏菌"。

微生物学的"黄金时代"期间，研究人员确定了多种传染病的致病微生物。下表列出了疾病、相应致病因子、致病因子发现者，以及发现年份。

疾病及其发现者

疾病名称	致病因子	发现者	发现年份
炭疽	炭疽杆菌	罗伯特·科赫	1876
淋病	淋病奈瑟氏菌	艾伯特·奈塞尔	1879
疟疾	三日疟原虫	查尔斯·路易斯·拉维伦	1880
伤口感染	金黄色葡萄球菌	亚历山大·奥格斯顿	1881
丹毒	酿浓链球菌	弗德里克·费莱森	1882
肺结核	结核分枝杆菌	罗伯特·科赫	1882
霍乱	霍乱弧菌	罗伯特·科赫	1883
白喉	白喉杆菌	埃德温·克雷白 弗雷德里希·洛夫勒	1883—1884
伤寒症	伤寒沙门氏菌	卡尔·厄波斯与乔治·加夫基	1884
膀胱炎	大肠埃希氏菌	特奥多尔·埃舍利希	1885
沙门氏菌病	肠炎沙门氏菌	奥古斯特·盖特纳	1888
破伤风	破伤风杆菌	北里柴三郎	1889
气性坏疽	产气荚膜梭菌	威廉·亨瑞·韦尔奇 乔治·亨利·福基纳·纳托	1892
鼠疫	鼠疫耶氏杆菌	亚历山大·耶尔辛 北里柴三郎	1894
肉毒杆菌中毒	肉毒杆菌	冯·埃尔门坚	1897
志贺氏菌病	痢疾志贺氏菌	志贺洁	1898
梅毒	梅毒螺旋体	弗里茨·绍丁 埃里克·霍夫曼	1905
百日咳	百日咳博德特氏菌	朱尔斯·博德 奥克特夫·詹古	1906

细菌细胞的主要成分有哪些？

细菌细胞的主要组成部分有细胞质膜、细胞壁以及含有环状单链DNA（脱氧核糖核酸）分子的拟核区。细菌细胞中还有质粒。质粒就是一小片环形DNA，独自存在于细胞染色体外。除此之外，有些细菌细胞有鞭毛，帮助细菌移动；还可能有酷似头发、长度较短的菌毛，帮助细菌附着在各种表面之上（也包括它们要感染的细胞）；有些细菌细胞的细胞壁周围还可能有黏液荚膜，保护它们不受其他微生物干扰。

病毒和细菌有什么不同？

特征	细菌	病毒
能穿过滤菌器	否	是
有细胞质膜	是	否
有核糖体	是	否
有遗传物质	是	是
需要活体宿主才能增殖	否	是
对抗生素敏感	是	否
对干扰素敏感	否	是

一个普通的细菌细胞有多少基因？

大肠埃希氏菌大约含有 5000 个基因。

我们身边的生命

所有细菌的形状都相同吗？

细菌主要有三种性状——球状、杆状和螺旋状。球状细菌又名球菌，这种形状的细菌有可能单独出现，有可能以群体存在，这取决于物种种类。球菌能粘连在一起，组成细菌对（双球菌）；当球菌连在一起形成长链时，就变为了链球菌。以不规则的丛簇状出现的球菌名为葡萄球菌。杆状细菌又名杆菌，可单独存在，也可连成长链。螺旋状细菌又名螺旋菌。

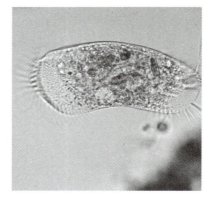

上图为单细胞生物尾棘虫的样本。图中，左方和右下方的鞭毛清晰可见。鞭毛能帮助单细胞生物移动

细菌是如何繁殖的？

细菌的繁殖是无性繁殖，它们通过二分裂把 1 个细胞分裂成 2 个类似的细胞。首先，细菌的环状 DNA 进行复制，而后细胞质膜和细胞壁向内生长，形成横隔壁。

细菌繁殖的速度有多快？

无论是实验室培养还是自然环境下繁殖，只要环境适宜，细菌就会快速繁殖。细菌种群数量翻倍所需的时间就是"代时"。比方说，在理想环境下，大肠埃希氏菌每 17 分钟就能完成一次分裂。在实验室大约用 12 小时就能用 1 个细胞培育出 107 ~ 108 个细菌。

细菌的代时	
细菌	代时（单位：分钟）
大肠埃希氏菌	17
鼠伤寒沙门氏菌	24
金黄色葡萄球菌	32
肉毒杆菌	35
乳链球菌	48
嗜酸乳杆菌	66

细菌都在哪里出现？

世界上每个角落都有细菌，就算是其他生物体无法存活的地方也有。目前，在人们所发现的细菌中，所处位置最高的在地平面上 20 英里（32 千米）处，最低的在太平洋海面下 7 英里（11 千米）处。极端环境下也有细菌的踪影，例如北极冻原、滚烫的温泉和人体内都有细菌。人们在南非的一座金矿里发现了耐热细菌，这种细菌位于地表下 2.17 英里（3.5 千米）处，而这座金矿的温度高达 149 °F（65℃）。

有肉眼可见的细菌吗？

费氏刺骨鱼菌存活于双斑刺尾鱼的肠道内，肉眼可见。人们早在 1985 年就发现了这种细菌，然而却误将其列入原生动物之列。之后，人们对这种微生物的遗传物质进行了分析，发现这种细菌的尺寸前所未有地大：直径有 0.015 英寸（0.38 毫米）。换句话说，也就是小字体印刷品中的一个句号那么大。

生物

BIOLOGY

科赫法则是什么？

罗伯特·科赫最先证明了各种微生物是导致疾病的罪魁祸首。他提出的细菌学四大基本准则，即科赫法则，至今依然还是细菌学的金科玉律。法则如下：1）必须能从受到该种疾病感染的动物体内找到微生物，且在健康动物体内不存在。2）必须从患病动物体内分离出微生物，并在体外进行纯培养。3）将培育出的微生物接种给健康动物，会使健康动物出现患病特征。4）必须能从感染动物体内再次提取该种微生物。科赫因在肺结核方面的研究荣获了1905年的诺贝尔生理学或医学奖。

肉毒杆菌有多危险？

肉毒杆菌可在食物中滋生，释放肉毒杆菌毒素；在人类已知的所有毒素中，肉毒杆菌毒素的毒性最强。据微生物学家估计，1克肉毒杆菌毒素可以致1400万成年人死亡。沸水（212 °F /100℃）无法杀死这种细菌，但这种细菌暴露在248 °F（120℃）的环境里5分钟就会死亡。肉毒杆菌具有耐热性，这一特征为在家腌制蔬菜的人们带来了巨大威胁。如果腌制蔬菜的方法不当，肉毒杆菌就会在缺氧的密闭容器中滋生，使食物剧毒无比。制作不规范的罐装食品中会滋生肉毒杆菌芽孢，因此人们绝对不能食用已经膨胀的罐装食品，这是因为细菌芽孢萌发时会产生气体，膨胀的罐体就是充满气体的标志。食用带有萌发芽孢的罐装食品会使人神经麻痹、剧烈呕吐，甚至导致死亡。

人们是怎样培养细菌的？

人们通常用装有培养基的培养皿培养细菌，培养基通常都是营养琼脂。培养皿是1887年朱利斯·理查德·佩特里（Julius Richard Petri，1852—1921）发明出来的。他是罗伯特·科赫实验室中的一员。

培养皿顶部比底部大，所以盖上盖子时可以形成一个密闭环境，防止细菌培养遭到污染。提出用琼脂做培养基的人是罗伯特·科赫。科赫对分离细菌进行纯培养非常感兴趣，但是要想从液体培养基里分离出细菌极为困难，因此他开始研究在固体培养基中培养细菌的办法。无菌熟土豆的结果不尽如人意；但是，后来科赫的助手、瓦尔特·海斯（Walther Hesse，1846—1911）的妻子法妮·E. 海斯（Fannie E. Hesse，1850—1934）想出了一个好办法。她提出用琼脂（使酱汁、果酱和果冻凝结的物品）使肉汁凝结。通常情况下，琼脂价格不贵，而且凝成胶状后，只要温度低于 212 ℉（100℃）就不会熔化。将 1～2 克的琼脂加入 100 毫升的肉汁，所形成的固体培养基大部分细菌都无法降解。微生物实验室中，最为常见的几样东西之一就是一叠叠的培养皿了。

最先提出原生生物界的人是谁？

1866 年，德国动物学家恩斯特·海克尔（Ernst Haeckel，1834—1919）最先提出了原生生物界的概念。这是因为他新发现的生物既不是植物，又不是动物。"原生"（protist）一词源自希腊词语，意为"最早的"。

原生生物有哪些特征？

原生生物是生物体的一个类群，较为多样。所有原生生物都是真核生物。许多原生生物都是单细胞生物，但它们也有可能是多细胞生物、多核生物，或多细胞群体。虽然大多数原生生物都只能用显微镜观测，但有些原生生物的体积较大，长度有近 200 英尺（60 米）。早期的传统分类学体系中，原生生物被分为既不是动植物，也不是真菌的生物。现有证据表明，原生生物有动植物界以及真菌界的某些特征。

原生生物界中的生物体都有哪些主要类群?

就原生生物的分类,分类学家们还未达成一致意见;但是他们根据原生生物在运动、营养和繁殖方面的共性,将它们大致分为了 7 个类群。以下列出了大致类群。

- 肉足总纲:没有永久运动构造的变形虫,以及相关生物。
- 藻类:能进行光合作用的单细胞和多细胞生物。
- 硅藻:具有硅制硬壳的生物,可进行光合作用。
- 鞭毛虫:在水中用鞭毛前进的生物体。
- 孢子虫类:通过产生孢子扩散的寄生虫,不移动。
- 纤毛虫:细胞表面有许多用于运动的类似短小头发结构的生物体。
- 霉菌:异养生物,移动受限,细胞壁由糖类组成。

马铃薯晚疫病怎样影响了爱尔兰的历史?

致病疫霉是导致马铃薯晚疫病的致命病原体。这种病原体是 1845 年至 1894 年间爱尔兰马铃薯饥荒的罪魁祸首。马铃薯晚疫病使马铃薯的茎叶枯萎,最终使块茎停止生长。与此同时,块茎受到病原体的攻击后腐烂。据估计,爱尔兰马铃薯饥荒期间,有 150 万爱尔兰居民移居国外,其中大多数人都移居美国。而马铃薯饥荒期间,有大约 40 万人死于营养不良。

哪种原生生物的出现意味着
水受到了污染？

眼虫藻是一种单细胞鞭毛虫。很多种类的眼虫藻都是能进行光合作用的自养生物。它们通常生活在淡水池塘或泥潭中。也有的种类无法进行光合作用，是异养生物，它们通常生活在含有大量有机物的水中。人们经常把眼虫藻作为水质的指示生物，污水中经常会有大量的眼虫藻。

哪种黏菌是发育生物学中的模型生物？

人们把盘基网柄菌当作发育生物学中的复杂生物范例进行研究。在理想的条件下，这种生物以变形虫状单细胞的形式独立存在。食物稀少时，这种细胞就会聚在一起，分化为头部带有孢子的茎秆，形状与蛞蝓类似。这种结构释放出的孢子能长成一个全新的变形虫状细胞。这一过程中，细胞从自由的相似细胞变成了多细胞生物，与更为复杂的多细胞生物性质类似。

哪些证据使科学家们认为
陆生植物是从绿藻演变而来的？

很多科学家都认为，陆生植物是由古代的绿藻演变而来的。绿藻中的叶绿体与陆生植物中的叶绿体一模一样。除此之外，绿藻的细胞壁成分也与陆生植物相一致；同时，两者储存食物（例如淀粉）的方式也一样。大部分绿藻都存活于淡水中，但不同绿藻的生存条件却大不相同。居住环境的变化使绿藻具有极强的适应性。

真菌的共性有哪些？

最早的分类体系将真菌列为植物。1784 年，人们首次提出将真菌划为一个单独的"界"。研究人员发现，真菌的共性有 4 点：真菌没有叶绿素；真菌的细胞壁含有糖类几丁质（与螃蟹壳的坚硬物质相同）；真菌并不是真正的多细胞生物，因为真菌细胞的细胞质会与邻近细胞的细胞质融合；真菌是异养真核生物（无法从无机物中产出所需养分），而植物却是自养真核生物。

一提到"真菌"，人们就会想起蘑菇；但真菌其实有很多种类，比如说酵母菌、霉菌

真菌界都包含什么生物体？

真菌界的生物涵盖了从单细胞的酵母菌到奥氏蜜环菌（一种占地 2220 英亩 /890 公顷的物种）。除此之外，真菌界中的生物体还有人们经常食用的蘑菇、过期面包上生出的黑霉菌、潮湿浴帘上长出的霉菌、锈菌、黑穗病菌、马勃菌、毒菌、层架菌、毒伞蕈。或许在地球上令人眼花缭乱的生物体中，跟人类最不同、最特殊的就是真菌。真菌可以腐蚀木料、攻击植物、使食物变质，还能使人染上足癣或一些更严重的疾病。真菌也能降解生物尸体、落叶和其他有机物。除此之外，真菌还能产生抗生素和其他药物，使面包、啤酒和葡萄酒发酵。

真菌都在哪里出现？

黑暗、潮湿的地方是真菌的理想生存环境；但只要是有有机物的地方，就有真菌存在。水分是真菌生长必不可少的物质，真菌能从大气和存活介质中获取水分。生活环境极为干燥时，真菌就会进入"休眠期"，以求存活；它们还能产生抵御干燥的孢子挨过这段时间。对大多数物种而言，最适宜的酸碱度是5.6；但有些真菌可以在2～9的酸碱度范围内存活、生长。有些真菌可以在抑制细菌生长的浓缩氯化钠溶液或糖溶液（例如果冻、果酱）中生存。同时，真菌生长的环境温度范围极大，就算是冷冻起来的食品也有可能滋生真菌。

哪位儿童读物画家研究真菌并画出了真菌的插图？

毕翠克丝·波特（Beatrix Potter，1866—1943）最知名的成就或许就是在1902年画成了《彼得兔的故事》。1888年，她开始画真菌并为其上色。最终成品有300张水彩画，现收录于英格兰安布塞德的阿密特图书馆。1897年，她为伦敦林奈学会会议准备了一篇关于孢子萌发的论文。虽然那时她的论文遭到拒绝，但现在的专家们发现，她当时的观点是正确无误的。

既然真菌没有叶绿素来生成所需养分，那它们又是怎样获得食物的呢？

真菌是腐生生物，从废物和生物体尸体中汲取养分。它们并不像动物那样将食物摄入体内，而后消化；而是通过在食物上分泌强效水解酶，从而在体外消化食物。这样一来，复杂的有机化合物就会分解成更为简单的化合物，而真菌也可以通过细胞壁和细胞质膜将这些化合物吸入体内。

可以食用的蘑菇有多少种？

担子菌纲中可食用的蘑菇有大约 200 种，有毒蘑菇有大约 70 种。有些可食用蘑菇是商业培育出来的。美国每年产出的蘑菇超过 8.44 亿磅（38.2832 万吨）。

鹅膏毒菌有什么独特之处？

鹅膏菌属有几种毒性最强的蘑菇。人们将鹅膏菌属中的有毒蘑菇称为"死亡天使"（毒伞蕈）和"毁灭天使"（鳞柄白鹅膏）。身体健康的成年人只要吃掉一个蘑菇伞盖，就会死亡。就算摄入一丁点蝇蕈毒素（鹅膏菌属下蘑菇种类中含有的毒素）都会使人在后半生遭受肝病的折磨。

蘑菇中毒的解毒剂有哪些？

目前为止，人们还未发现治疗蘑菇中毒的有效解毒剂。蘑菇中的毒素会在肝脏中积累，造成不可逆转的肝脏损伤。不幸的是，人体在进食毒蘑菇后的几个小时内，可能不会出现中毒迹象。而当症状显现时，又与普通的食物中毒症状极为类似。人体肝脏在进食毒蘑菇后的 3 ~ 6 天内，才会衰竭。通常情况下，有效的治疗手段可能只有肝脏移植。

阿兹特克文明认为哪种蘑菇是神圣的？

锥盖伞属和裸盖菇属蘑菇都具有致幻性，因此是阿兹特克文明中神圣的蘑菇。阿兹特克文明的后裔还会在宗教仪式中用到这种蘑菇。两种菌属都含有裸头草碱。裸头草碱与麦角酰二乙酰胺（LSD）类似，可使食用者产生幻觉，眼前景象颜色缤纷，精神恍惚。

松露是什么?

松露是一道佳肴，也无疑是最为昂贵的可食用真菌。松露主要存在于欧洲西部地区，生长于开阔林地中的树根周围（尤其是橡树周围，但栗树、榛树和山毛榉周围也有生长）。松露与一般蘑菇不同，它长在地下 3 ～ 12 英寸（7.6 ～ 30.5 厘米）处，人们极难发现。松露猎人用经过特殊训练的猎犬或松露猪来寻找这种可口的美味。猎犬和松露猪的味觉灵敏，会受到松露强烈的坚果香气吸引。事实上，经过训练的松露猪可以嗅到 20 英尺（6.1 米）以外的松露。闻到松露的香气后，动物会冲到香气源头，迅速挖出这一自然的馈赠。一旦找到松露，松露猎人（法国人称其为"trufficulteur"）就会小心翼翼地擦去上面的土，使松露露出来。人类皮肤不能直接接触松露，否则会导致松露腐烂。

松露长什么样?

松露的外观平淡无奇，形状可以是圆形，还可以毫无规则；表皮又厚又糙，带有褶皱；颜色从全黑到灰白色不等。松露的子实体味香、多肉，大小通常与高尔夫球相当；颜色从白到灰，从棕到近黑色不等。已知的松露品种有将近 70 种，但最受欢迎的是黑松露（又称"黑钻石"）。这种松露生长于法国的佩里戈尔和凯尔西地区，以及意大利的翁布利亚地区。"黑钻石"看起来是黑色的，实际上是暗棕色，带有白色纹理。黑松露的味道极为刺鼻。比黑松露稍逊一筹的是意大利皮埃蒙特出产的白松露（实际上是灰白色或米色）。白松露的香气和味道都是泥土香或蒜香。人们可以在晚秋到仲冬之间吃到新鲜松露；新鲜松露也可以存放在冰箱里，最长 3 天。黑松露通常用于食物调味，例如用在煎蛋卷、玉米粥、肉汁烩饭和调味酱汁中。白松露通常生食，擦碎撒于意大利面或含有奶酪的菜肴上，使味道互补。在烹饪菜肴的最后一刻也可以加入白松露。

生
物

BIOLOGY

地衣是什么？

地衣是生长在岩石、树枝和裸露地表上的生物。地衣是由两种不同生物组成的共生联合体：1）单个或丝状的藻类或蓝藻细胞；2）真菌。地衣没有根、茎、花、叶。地衣的真菌成分是"地衣共生菌"（mycobiont，希腊语"mykes"意为菌类；"bios"意为生命）；光合成分是"共生光合生物"（photobiont，希腊语"photo"意为光线；"bios"意为生命）。地衣的学名就是真菌的名称，而且通常是子囊菌门真菌的名称。真菌没有叶绿素，因此无法生成所需养分，但它却能从藻类中汲取养分。两者可以共生；地衣经常长在藻类周围或之上，为藻类遮挡阳光，减少藻类的水分流失。人类辨别出的首个共生生物就是真菌和藻类。共生关系的独特之处在于两者和谐共生、保持平衡，就像一个生物体似的。

地衣和污染有什么关系？

地衣对大气中的污染物极为敏感，因此可作为空气质量检测的指示生物。地衣从空气、雨水中吸收矿物质，也能直接从自身基底中吸收。在人们眼中，地衣的生长用于指示空气污染，特别是二氧化硫对空气的污染。地衣吸收污染物后，叶绿素会受到损害，导致光合作用减少，使细胞内膜的渗透性发生改变。尽管城市及其周围地区有适合地衣生长的基底存在，但这些地方通常没有地衣，这是由于汽车尾气和工业活动所致。地衣也开始从国家公园以及其他偏远地区消失不见了，这是因为这些地方受到的工业污染越来越多。地衣的再次出现通常意味着空气污染情况的改善。

人们还用地衣评定有些地区的放射性污染等级，比方说铀矿、核动力卫星坠毁地区、前核弹测试地，以及发生过事故的核电站等。1986年切尔诺贝利核电站事故之后，人们对各地的地衣进行了测试，测试的地衣中最远的是芬兰拉普兰省的地衣。测试结果表明，事故发生后的放射性尘埃等级是事故发生前的165倍。

哪种真菌有可能造成了萨勒姆审巫案？

1692 年的萨勒姆猎巫事件很可能是一种微生物毒素感染引起的。真菌——麦角菌（又名黑麦秆黑粉病菌）会形成有毒麦角。人体一旦摄入麦角，就会出现与 1692 年塞勒姆地区那些被控为女巫的女孩一样的症状。历史学家和生物学家查询了 1690 年至 1692 年期间新英格兰地区的环境状况，发现当时的环境状况对麦角菌的过度增长极为有利。那几年的天气尤为潮湿、凉爽，小麦也因此感染了小麦锈病，情况严重；而黑麦也就代替小麦成了人们的主要粮食。麦角菌中毒的症状有：抽搐、有压迫感和刺痛感、胃部疼痛，以及短暂的失明、失聪、失语。

酵母菌在啤酒生产中扮演着怎样的角色？

人们对水、麦芽、糖、啤酒花、酵母菌（酵母种）、盐，以及柠檬酸进行发酵，制得啤酒。每种配料在啤酒制造中都有着特定的功效。麦芽取自抽芽的谷物（通常是大麦）；人们要将麦芽在窑中烘干，磨成粉末。麦芽赋予啤酒独特的口感和味道。啤酒花是用草本植物啤酒花（桑科植物的一员）的果实制成的。在果实成熟时采下、晾干；啤酒花给啤酒带来稍许苦涩。酵母菌用于发酵过程。

啤酒制造是一种复杂的工艺。有种酿造方法需要先将发芽大麦与熟谷物（例如玉米）混在一起捣烂，形成"麦芽汁"；麦芽汁经过滤后加入啤酒花，而后加热，直至完全溶解；拣出啤酒花，并在液体冷却后加入酵母菌，而后发酵。50°～70 °F（10°～21℃）的环境下需发酵 8～11 天；发酵后，将啤酒储存在接近零摄氏度的环境中。接下来的几个月中，啤酒的特色就会慢慢地呈现出来。最后向啤酒中打入二氧化碳，使其发泡。啤酒经冷藏、过滤以及巴氏消毒后，就可装瓶、装罐。

我们身边的生命

生产淡啤酒和浓啤酒所用的酵母菌是一样的吗？

啤酒发酵会用到两种常见的酵母菌：卡尔酵母和酿酒酵母。卡尔酵母又名下面酵母，因为这种酵母会沉到发酵池底部。下面酵母在 42.8 ～ 53.6 ℉（6 ～ 12℃）的温度范围内使啤酒发酵，制成淡味啤酒要花 8 ～ 14 天。酿酒酵母又名上面酵母；就算将这种酵母均匀掺在麦汁中，它也会被二氧化碳（CO_2）带至发酵池顶端。上面酵母发酵所需的温度范围更高（57.2 ℉ ～ 73.4 ℉/14 ～ 23℃），发酵时间只要 5 ～ 7 天。上面酵母可以发酵出浓味啤酒、黑啤酒和烈性啤酒。

哪种奶酪和真菌有关？

赋予奶酪（例如罗克福尔干酪、卡芒贝尔奶酪、布里干酪）以独特风味的是青霉属真菌。罗克福尔干酪素有"奶酪之王"的称号，它是世界上历史最为悠久、最为著名的奶酪之一，人们在古罗马时期就开始享用这种"蓝纹奶酪"了。罗克福尔干酪还是法兰克国王、神圣罗马帝国大帝查理曼大帝（742—814）的最爱。罗克福尔干酪由接触过罗克福尔青霉菌的羊奶制成，在法国西南部罗克福尔村旁的康巴路山石灰岩洞中经至少 3 个月的时间才能成熟。只有在这里成熟的奶酪才是真正的罗克福尔干酪。这种奶酪有着奶油般的口感、味道

🔵 给钟爱的奶酪带来独特风味的是不同的真菌。羊奶与罗克福尔青霉菌带给了我们罗克福尔干酪（上）；卡芒贝尔青霉菌又用于制作布里干酪（下）和卡芒贝尔奶酪。

醇厚，闻上去气味浓烈、辛辣，有咸味。罗克福尔干酪内层呈乳白色，带有蓝色纹理；由雪白色的外皮包在一起。只有包装纸商标上印有红色绵羊的罗克福尔干酪才是真货。

赋予卡芒贝尔奶酪和布里干酪以独特品质的是卡芒贝尔青霉菌。据说，是拿破仑为卡芒贝尔奶酪起了现在的名字。据传"卡芒贝尔"本是诺曼底的一个村名，当时，卡芒贝尔村中的一位农妇向拿破仑进献上这种奶酪。这种奶酪由牛奶制成，外皮呈白色，长有绒毛；内层丝滑、像奶油似的。于完全成熟后在室温环境下食用时，奶酪就会缓慢地流出来，极为浓稠。虽然很多地方都出产布里干酪，但在行家眼中，世界上最好的布里干酪是法国东边的布里产的。布里干酪与卡芒贝尔奶酪的外形类似，外皮洁白成熟、内里口感如黄油般丝滑。

真菌是怎么与第一次世界大战扯上关系的？

第一次世界大战期间，德国人用甘油制造硝化甘油，用于炸药（例如甘油炸药）的生产。战前，德国人就已经进口了所需的甘油；但是，战时英国海军的封锁阻止了德国人的计划。但德国科学家卡尔·纽伯格（Carl Neuberg，1877—1956）知道在糖的酒精发酵过程中加入酿酒酵母就会生成痕量级的甘油。他努力探索，改良了发酵工艺，使酵母菌产出的甘油较多，乙醇较少。只要在发酵过程中加入 3.5% 的亚硫酸钠（pH 值为 7），就能阻止一个代谢过程中的化学反应。德国因此将许多啤酒厂转为了甘油制造厂，而纽伯格的制造工艺也得以实现。这些工厂的月产量能达到 1000 吨。战争结束后，人们不再需要甘油，因此停止了生产。

人们是怎样发现微生物可以有效对抗细菌感染的？

青霉素有抗菌剂的功效，这是英国微生物学家亚历山大·弗莱明（Alexander Fleming，1881—1955）偶然之间发现的。1928年，弗莱明正在伦敦的圣玛丽医院研究葡萄球菌。他需要在度假前向几个培养皿中散播葡萄球菌，因为这也是研究中的一步。但他一度假回来，就发现有个培养皿被一种黄绿色霉菌污染了，而且葡萄球菌没有在这种霉菌周围生长。他认为这种霉菌是青霉的一种。对此他作了进一步研究，结果显示，青霉可以杀死葡萄球菌和其他革兰氏染色反应呈阳性的生物。直到20世纪40年代，霍华德·弗洛里（Howard Florey，1898—1968）和恩斯特·鲍里斯·钱恩（Ernst Boris Chain，1906—1979）才再次发现青霉素，并将其分离出来，用于医疗。1945年，弗莱明、弗洛里和钱恩由于他们对青霉素的研究而共同荣获了诺贝尔生理学或医学奖。

DNA、RNA 与染色体

DNA 是什么？

DNA（脱氧核糖核酸）是所有细胞生物的遗传物质。DNA 结构的发现是 20 世纪最重要的分子大发现。

DNA 都由哪些分子组成？

DNA 的全称是脱氧核糖核酸，"核"意指 DNA 处于真核细胞的核中。事实上，DNA 是核苷酸的聚合物（长链）。核苷酸由 3 部分组成：1 个磷酸基、1 个戊糖（脱氧核糖），以及 1 个含氮碱基。如果把 DNA 想象成一个梯子，那么梯子的两边就是由磷酸盐和脱氧核糖分子组成的，而梯蹬就是由两种不同的含氮碱基所构成。含氮碱基对基因而言，是分子极为重要的一部分。含氮碱基以特定的顺序进行排列，就能形成基因。

DNA 分子是怎样联结在一起的？

虽然 DNA（脱氧核糖核酸）是由好几种不同的化学反应连在一起的，但这种分子并不牢固。组成"梯蹬"的含氮碱基由氢键连在一起。梯子的"两边"（磷酸盐和脱氧核糖分子）是由一种名为"磷酸二酯键"的共价键连在一起的。DNA 分子的有些部分具有极性（梯子外部），但梯蹬（含氮碱基）并无极性，因此 DNA 和水中的氢原子、氧原子间会发生静力反应。DNA 的内部具有疏水性，而 DNA 外部的糖—磷酸分子却有亲水性，这样就形成了一种分子压力，将螺旋结构粘连在一起。

脱氧核糖核酸的含氮碱基是什么？

含氮碱基有一个由氮原子和碳原子构成的环，周围附着许多功能各异的官能团。含氮碱基分为两种类型。这两种类型结构不同：胸腺嘧啶和胞嘧啶是单环结构，而腺嘌呤和鸟嘌呤是双环结构。詹姆斯·沃森（James Watson，1928—）和弗朗西斯·克里克（Francis Crick，1916—2004）对碱基是如何连在一起的问题进行了推测，他们认为只有当分子的直径一致时才有可能配对。因此显而易见的是，双环碱基的互补链中必须配有单环碱基。

生物

BIOLOGY

DNA 最初叫什么？

人们最早将 DNA（脱氧核糖核酸）称为"核质"，因为在 1869 年，人们第一次分离出 DNA 的地方是细胞核。19 世纪 60 年代期间，瑞士生物化学家约翰·弗里德里克·米歇尔（Johann Frederick Miescher，1844—1895）就职于德国蒂宾根大学的菲利克斯·霍珀—赛勒（1825—1895）实验室。他的任务是研究白细胞的组成。他发现了一个收集白细胞的不错来源——附近医院中患者们用过的绷带。他洗掉了绷带上的脓水，从白细胞巨大的细胞核中分离出了一种全新的分子，因此他将这种物质称为"核质"。

碱基互补配对原则指什么？

碱基互补配对原则指的是以特定方式为含氮碱基配对的原则，也就是嘌呤配嘧啶。确切地说，腺嘌呤必须与胸腺嘧啶配对，鸟嘌呤必须与胞嘧啶配对。这一原则以埃德温·查加夫（Edwin Chargaff，1905—2002）所收集的数据为依据，因此名为查加夫法则。

如何分开 DNA 的双链？

DNA（脱氧核糖核酸）的双链会在复制阶段分开；其间，双螺旋的双链分开，母链会形成新的互补链。同时，DNA 转录期间，DNA 双链中的模板链转录（复制）成 RNA 链。要使 DNA 的双链分开，碱基对间的氢键就必须断开；能断开氢键的物质是 DNA 解旋酶。然而，这种酶并不能真的把 DNA 双链分开；真正分开 DNA 双链的是特殊的蛋白质。这种特殊蛋白质名为起始子蛋白，它能在染色体上的特定地点断开 DNA 双链。

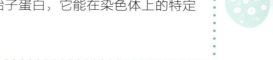

DNA 的复制都需要些什么?

DNA（脱氧核糖核酸）的复制过程较为复杂，其间需要的酶、核苷酸和能量的种类超过了 12 种。真核细胞有许多复制起点。复制起点处，酶会断开双键间的含氮碱基，从而分开螺旋结构。一旦 DNA 分子双链分开，DNA 稳定蛋白就会阻止已经分开的双链再次相连。DNA 聚合酶分子会读取和复制目标链中的序列，加快互补碱基对形成新链的速度。

突变率是怎么计算出来的?

突变率通常表示为每次细胞分裂、每个配子或每轮复制过程中的突变数值。

DNA 的复制每次都一样吗?

人体内的细胞数量庞大，DNA（脱氧核糖核酸）的复制也极为频繁；鉴于此，DNA 的复制还是相当精确的。DNA 的自发损害较少，比方说细菌，每 100 亿细胞中发生突变的只有 1 ~ 100 个。真核基因的突变率更高，每 100 万配子中，发生突变的有 1 ~ 10 个。不同生物体、不同基因的突变率各不相同。

突变是什么?

突变指的是基因中 DNA（脱氧核糖核酸）序列的异变。突变是种群进化的原因，但突变也有不良影响，比如致病、导致机能紊乱等。镰状细胞病就是突变引起的一种疾病。血红蛋白（运氧蛋白）由 4 条多肽链组成，而镰状细胞病会使其中 2 条多肽链的氨基酸序列（缬氨酸代替了谷氨酸）发生异变。

DNA 的复制有多快？

在原核生物中，每秒复制的核苷酸大约有 1000 个，所以 4.7 兆节的大肠埃希氏菌只需 40 分钟就能复制完毕。相较原核基因组来说，真核基因组体积巨大；因此人们就会误以为真核细胞的 DNA 复制过程极长。实际上，真核生物中，每条染色体的 DNA 复制区域都不止一个。真核细胞的复制速度可达 500 ~ 5000 碱基对 / 分，而复制整个基因组所需的实际时间则取决于基因组的大小。

聚合酶链式反应是什么？

聚合酶链式反应，简称 PCR，是一种不利用细胞就能扩增或复制任何 DNA 片段的实验技术。人们向试管中放入一种特殊的 DNA 聚合酶、核苷酸和一小片人工合成的单链 DNA，作为 DNA 合成的引子，以此来培育 DNA。使用自动化技术，聚合酶链式反应能在数小时内复制出数十亿特定的 DNA 片段。每轮聚合酶链式反应消耗的时间只有 5 分钟左右。5 分钟后，就算 DNA 片段中的碱基对数量上百，也能复制完毕。聚合酶链式反应器会不断重复这一过程。通过重组质粒，让质粒在细菌内进行复制的方法来克隆 DNA 片段，往往要花上好几天的时间；比较之下，聚合酶链式反应要快得多。

聚合酶链式反应是生物化学家凯利·穆利斯（Kary Mullis，1944—）在 1983 年研发出来的，当时他供职加利福尼亚州的一家生物技术公司——鑫堡公司。1993 年，穆利斯因研发出聚合酶链式反应而荣获诺贝尔化学奖。

细胞核中的 DNA 是怎样排列的？

细胞核中，DNA（脱氧核糖核酸）与组蛋白结合在一起，形成一种纤维状物质——染色质。当细胞要分裂或繁殖的时候，细染色质纤维就会凝结在一起，变粗，成为独立的结构——染色体。

只有细胞核中有 DNA 吗？

除真核细胞的核 DNA 以外，线粒体（动植物细胞的细胞器）和叶绿体（植物和藻类细胞）中也有 DNA（脱氧核糖核酸）。线粒体 DNA 中的某些基因对细胞代谢至关重要。叶绿体 DNA 中的某些遗传信息对光合作用极为重要。

普通人体内有多少 DNA？

如果将人体 1 个细胞内的 DNA 抻开并首尾相连，这条 DNA 大约长 6.5 英尺（2 米）。人体内有上万亿的细胞，如果将这些细胞中的 DNA 抻开、头尾相连的话，全长平均能达到 100～200 亿英里（160～320 亿千米）。如果把人体内所有 DNA 的双链解开的话，这条 DNA 就能在太阳和地球之间往返 500 多个来回。

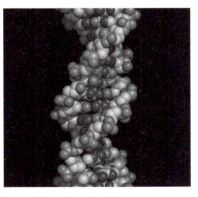

🔵 上图所示为 DNA 分子的双螺旋结构

BIOLOGY

DNA 和 RNA 有什么不同？

DNA（脱氧核糖核酸）是一种核酸，由许多核苷酸堆积而成。核苷酸含有磷酸基团（PO_4）、糖（脱氧核糖）和碱基；这个碱基如果不是腺嘌呤（A）、胸腺嘧啶（T），或鸟嘌呤（G），就是胞嘧啶（C）。这个基本结构在双螺旋结构（2 条核苷酸链以碱基相连，组成双螺旋结构）中反复出现。碱基对间的连接只有腺嘌呤（A）和胸腺嘧啶（T），与鸟嘌呤（G）和胞嘧啶（C）两种情况存在；碱基的结构不允许其他连接形式。双螺旋结构极为著名，它就像是一个拧来拧去的梯子。1962 年的诺贝尔生理学或医学奖颁发给了詹姆斯·杜威·沃森（James Watson）、弗朗西斯·克里克（Francis Crick）和莫里斯·威尔金斯（Maurice Wilkins，1916—2004）三人，以嘉奖他们明确了 DNA 的分子结构。

RNA（核糖核酸）也是一种核酸，但这种核酸只有一条单链；而且糖是核糖，不是脱氧核糖。除胸腺嘧啶（T）外，RNA 的所有碱基都与 DNA 的碱基相同。RNA 中代替胸腺嘧啶的碱基是尿嘧啶（U），尿嘧啶（U）只与腺嘌呤（A）相连。

科学家们是如何确定 DNA 是所有细胞生物的遗传物质的？

奥斯瓦尔德·T. 艾弗里（Oswald T. Avery，1877—1955）、科林·M. 麦克劳德（Colin M. MacLeod，1909—1972）和麦克林·麦卡蒂（Maclyn McCarty，1911—2005）三人 1944 年发表了一篇论文，证明了基因的物质基础就是脱氧核糖核酸（DNA）。这 3 位科学家顺着雷德里克·格里菲斯（Frederick Griffith，1879—1941）的研究继续探索，寻找使非致命细菌变为致命菌株的原因。他们用一种酶完全分解了 S 细菌（致命细菌），包括类糖外壳、蛋白质和核糖核酸（RNA）。酶虽然分解了这些物质，但并没有影响转化过程。当致命细菌接触到破坏 DNA 的脱氧核糖核酸酶时，所有的转化过程都停止了。因此，DNA 就是转化因子。

人们是什么时候发现 RNA 的？

20 世纪 40 年代前，人们就知道除了 DNA（脱氧核糖核酸）之外，还有另一种核酸——核糖核酸（RNA）。俄裔化学家菲巴斯·利文（Phoebus Levene，1869—1940）进一步完善了阿尔布雷克特·科赛尔（Albrecht Kossel，1853—1927）的研究。科赛尔因确定核质的成分而荣获 1910 年的诺贝尔生理学或医学奖。科赛尔进行研究的时候，人们并不知道 DNA 和 RNA 是两种不同的物质。1909 年，利文从酵母菌的核酸中分离出了核糖，并将其视为戊糖。1929 年，他成功地从动物胸腺细胞的核酸中分离出糖。这种糖也是戊糖，但与核糖相比，少了 1 个氧原子。利文称这种新物质为脱氧核糖。这些研究通过 DNA 和 RNA 的糖分子确定了它们之间的化学差异。

RNA 是在哪里形成的？

所有的 RNA（核糖核酸）都是在细胞核（真核细胞）或拟核区（原核细胞）形成的。RNA 聚合酶是负责 RNA 合成的主要酶。

真核细胞中有多少种 RNA？

真核细胞中主要有 5 种 RNA（核糖核酸）：1）不均一核 RNA

（hnRNA）；2）信使 RNA（mRNA）；3）转运 RNA（tRNA）；4）核糖体 RNA（rRNA）；5）小核 RNA。信使 RNA、转运 RNA 和核糖体 RNA 是主要的 RNA。信使 RNA 是从 DNA 链中复制出的一条单链，将 DNA 中的遗传密码带至核糖体中蛋白质的合成场所。核糖体 RNA 的数量最多，它参与核糖体中蛋白质的合成过程。转运 RNA（tRNA）执行翻译任务。所有转运 RNA 都拥有特定的反密码子、携带特定的氨基酸，根据信使 RNA 上特定的密码子挑选适合的氨基酸。

染色体是怎样组成的？

染色体是在蛋白支架（组蛋白）上组合而成的，组蛋白可以使脱氧核糖核酸（DNA）更为紧实。组蛋白主要分为五类，都带有正电荷。组蛋白的正电荷吸引 DNA 磷酸分子上的负电荷，使 DNA 与组蛋白结合在一起。这些 DNA 和蛋白质组成的链较粗，名为染色质。而后，染色质经挤压形成类似染色体的结构。在有丝分裂中，染色体的形状独特，人们可以清晰地辨别、计数。

人们最早是在什么时候观察到染色体的？

早在 1872 年，人们就观察到了染色体。那时，埃德蒙德·拉索（Edmund Russow，1841—1897）在细胞分裂的过程中观察到了类似小棍的物质。他将这种物质称为"小棍"（Stäbchen）。1875 年，埃杜亚德·冯·贝内登（Edouard van Beneden，1846—1910）用"小棒"（bâtonnet）一词代指核复制。1876 年，埃杜亚德·巴尔比阿尼（Edouard Balbiani，1825—1899）声称，细胞核在细胞分裂时会溶解，变成许多"又窄又短的小棍"（bâtonnets é troits）。沃特尔·弗莱明（Walther Flemming，1843—1905）发现染色体的"线"或"螺纹"（Fäden）会在有丝分裂的过程中纵向分裂。

哪种生物的染色体最多？

心叶瓶尔小草是蕨类植物的一种，它的染色体数量超过 1260 条（630 对），是染色体数量最多的生物。

人类的体细胞中有多少染色体？

不算生殖细胞的话，人体内通常有 46 条染色体（23 对）。1 对染色体由 2 条染色体组成，1 条来自母亲的卵子，1 条来自父亲的精子。卵子受精时，就会形成一个单独细胞（受精卵），这个细胞有 46 条色体。细胞开始分裂时，会对 46 条染色体进行复制；这一过程会重复无数次，而且每个细胞中的染色体都一模一样。只有配子（生殖细胞）的染色体不同。配子（生殖细胞）分裂时，每对染色体中的单个染色体都会分开，进入不同的细胞。每个配子只有 23 条染色体。

基因的组成成分有哪些？

"基因"指的是可作为模板，制造出 RNA（核糖核酸）链或蛋白质链的 DNA（脱氧核糖核酸）片段。除此之外，每个基因都有启动子和终止子。启动子标明基因编码信息的起始地点，而终止子标明了基因的终止点。

BIOLOGY

基因的平均大小有多大？

脊椎动物基因平均含有 3 万个碱基对。细菌的序列只含有编码物质，因此体积较小，只含有大约 1000 个碱基对。人类基因的碱基对数量在 2 万~ 5 万之间，尽管有的基因的碱基对数量超过 10 万。

基因和染色体有什么不同？

人类基因组有 24 个独一无二的独立单元——染色体。沿染色体分布着呈线性排列的成千上万个基因。"基因"指的是 DNA 分子中的特定部分，受核苷酸的特定序列影响。基因的遗传密码正是由含氮碱基的特定序列所赋予的。人类基因组含有大约 30 亿个碱基对，而且这些基因有长有短，差别较大。

基因是如何受到调控的？

基因会受到调控机制的控制，而且原核生物与真核生物的调控机制不同。DNA（脱氧核糖核酸）结合蛋白可以对细菌（原核生物）基因进行调控，影响转录率；全局调控机制（生物体对特定环境刺激物的应激作用，例如热冲击）也能对其加以调控。这在细菌中尤为重要。真核生物中的基因调控取决于一系列复杂的调控因素，这些因素会在特定时间"打开"或"关闭"基因。这些调控因素有：DNA 结合蛋白，以及控制 DNA 结合蛋白运动的蛋白质。

DNA 的两侧都有基因吗？

DNA 的双链中，只有 1 条链含有编入基因的信息；这条链就是〝无义链〞，又名〝反编码链〞。这条链可以转录成信使 RNA，有模板链的作用。另一条互补链是〝编码链〞（因为含有遗传密码子），又名〝有义链〞。除用尿嘧啶（U）代替胸腺嘧啶（T）之外，这条链的序列与信使 RNA 链的序列相同。

什么是〝一个基因一个酶假说〞？

20 世纪 30 年代期间，乔治·比德尔（George Beadle，1903—1989）和伯利斯·伊弗鲁西（Boris Ephrussi，1901—1979）提出：果蝇的各种基因突变可能是由于控制每种酶形成的相关个体基因的突变导致的。后来，比德尔和爱德华·塔特姆（Edward Tatum，1909—1975）用链孢霉进行了一系列实验。链孢霉指明了真菌生成特定营养物——精氨酸——所需的酶促途径。研究人员因此培育了一系列突变物，每种突变物的酶促途径中缺少的酶都各不相同。这样的话，这些突变物就能组合出产生精氨酸所需的序列，从而展示突变物的位置所在。比德尔与塔特姆的研究为〝一个基因一个酶假说〞提供了重要的支持。〝一个基因一个酶假说〞认为，基因的作用就是生产特定的酶。比德尔和塔特姆因这项研究荣获了 1958 年的诺贝尔生理学或医学奖。

谁发现了跳跃基因？

20 世纪 50 年代期间，芭芭拉·麦克林托克（Barbara McClintock，1902—1992）正在纽约州的冷泉港实验室研究玉米的细胞遗传问题，她发现当玉米粒处于发育阶段时，有些易突变的基因会在不同的细胞之间转移。麦克林托克做出这一推断的依据是，她观察到经历多代人工杂交的玉米粒的颜色变化有其模式。她因这项研究荣获了 1983 年的诺贝尔生理学或医学奖。

DNA 指纹的生物学依据是什么？

英国遗传学家埃里克·杰弗瑞（Alec Jeffreys，1950—）发明了 DNA 指纹分析（又名"DNA 分型"或"基因鉴定"）。这项技术的依据是每个人的基因都独一无二。人类大部分的 DNA 序列都一模一样，但通常情况下，100 对（DNA）碱基对会有 1 对不同。而人体内 DNA 的碱基对高达 30 亿对，因此人与人之间的 DNA 差异数量会达到 300 万个碱基对。要想检查一个人的 DNA 指纹，就需要用限制性内切酶切下一块 DNA 样本，而后用凝胶电泳将 DNA 碎片分离出来，并将其转移到尼龙滤膜上。在膜上用含有与特定多态序列互补的放射性 DNA 探针的溶液来培育 DNA 碎片。

什么是 P53 基因？

人们在 1979 年发现了 P53 基因（又名"基因组的守护天使"）。当细胞的 DNA 受损时，P53 基因就像"紧急刹车"一样，中断有可能导致肿瘤增生或致癌的细胞分裂的最后一环。P53 基因还是一位行刑者，在受损细胞的变异基因复制前，就令其自行毁灭。然而，P53 基因一旦变异，就会失去它的控制权，还有可能促使细胞异常生长，带来毁灭性的影响。P53 基因确实是人类肿瘤中最常发现的突变基因了。科学家们已经发现一种能使突变的 P53 基因恢复功能的化合物了。这项发现或许能推动针对 P53 基因突变的抗癌药品的研发。

整个基因组是如何"装进"细胞核里的？

普通细胞核的直径不到 5 微米，真核生物的 DNA 的长度在 1 ~ 2 微米之间。为了使 DNA 能够"装进"细胞核中，DNA 和蛋白质紧紧地挤压在一起，形成线状物质——染色质。这些线极粗，用光学显微镜就能进行观测。

基因与进化

公认的遗传学创始人是谁？

奥地利修道士兼生物学家格里格·孟德尔（Gregor Mendel，1822—1884）是公认的遗传学创始人。孟德尔通过研究菜园里的豌豆，证明了明显的生理特性可以代代相传。然而，是英国生物学家威廉·贝特森（William Bateson，1861—1926）让科学界注意到了孟德尔的成就，他还发明了"基因"一词。

为什么孟德尔的研究成功了，其他人的研究却失败了？

孟德尔采用的是菜园豌豆等简单生物体，能够控制实验植株间的授粉，最重要的是，他实际培育了植物，而且这些植物具有显著的特征（如花朵、颜色、高度）。11年的时间里，他做了数千次的植物育种实验，一丝不苟地做着记录，发现的比例具有一致性。他用统计学知识分析生物现象，发现了明确、有规律的比例，并最终在此基础上确立了遗传定律。

什么是孟德尔遗传？

孟德尔遗传指的是通过遗传保持的基因特性。奥地利修道士格里格·孟德尔研究并阐释了这一过程，他还是第一个正确推断遗传学基本原理的人。孟德尔性状受单个基因或基因对控制，因此又名单基因性状。有4300多种疾病被认定或疑似属于遗传孟德尔性状，其中包括常染色体显性遗传（如多发性神经纤维瘤）、常染色体隐性遗传（如囊性纤维化）和位于性染色体的显隐性疾病（如色盲和血友病）。

总体看来，孟德尔遗传病在人类中的发病率约为1%。许多构成人类差异的正常性状也遵循孟德尔遗传规律。

达尔文与孟德尔互相认识吗？

虽然两人生活在19世纪的同一时期，却并不认识。查尔斯·达尔文（Charles Darwin，1809—1882）的著作《物种起源》使他的自然选择理论声名大噪，却也引起了许多疑问，例如生物体如何表现进化的新特性。1865年，孟德尔发表了具有里程碑意义的论文《植物杂交试验》。目前，研究人员还无法根据文献断定两人在发展各自理论的过程中是否借鉴了另一方的研究成果。

什么是系谱？

系谱就是一个家族的基因史，表现为几代之间性状的遗传。人们可以从系谱中获得的信息包括：出生次序、子代性别、双胞胎、婚配、死亡、死胎以及某个特定基因特性。

最著名的人类系谱图是哪一个？

最著名的人类系谱图可能要数皇室维多利亚女王（Queen Victoria，1819—1901）和阿尔伯特亲王（Prince Albert，1819—1861）的家族系谱图了，记载了血友病的伴性遗传特性。

什么是现代遗传学？

直到细胞学取得进展、科学家们能够更深入地研究细胞，孟德尔的成就才真正受到科学界的重视。1900 年，荷兰人雨果·德弗里斯（Hugo de Vries，1848—1935）、德国人卡尔·科伦斯（Carl Correns，1864—1933）与奥地利人埃里希·冯·契马克（Erich von Tschermak，1871—1962）研究了孟德尔 1865 年论文原稿，并重复进行实验。随后几年，人们发现染色体在细胞核内呈离散结构。1917 年，哥伦比亚大学的果蝇遗传学家托马斯·亨特·摩尔根（Thomas Hunt Morgan，1866—1945）将孟德尔的研究成果扩展到染色体的结构与功能领域。这一发现以及随后在 20 世纪 50 年代的研究成果标志着现代遗传学的开端。

为什么有些物种更常用于遗传学研究？

染色体组较少、代时较短且适应圈养的物种更容易成为实验生物体。

虽然许多物种在外表上与人类不同，却拥有与人类相同的部分基因，因此可以解决某些关于遗传和基因表达的问题。

通常用于基因研究的物种

物种	界	基因组数量 （单位：百万个碱基对）
阿拉伯芥（开花植物）	植物	120
链孢霉（橙面包霉）	真菌	40
大肠埃希氏菌（细菌）	无核原虫	4.64
黑腹果蝇（果蝇）	动物	170
秀丽隐杆线虫（线虫）	动物	97

什么是人类基因组计划？目标是什么？

人类基因组计划（HGP）始于 1990 年，于 2003 年完成，前后耗时 13 年。根据人类基因组计划官方网站（http://www.doegenomes.org/），这一计划的目标如下：

- 识别人类 DNA 内全部大约 3 万～ 4 万个基因
- 确定人类 DNA 中 30 亿个碱基对的顺序
- 将信息存储到公共数据库
- 改善数据分析工具
- 向私营部门转让相关技术
- 提出计划中可能出现的法律、伦理和社会问题

什么是基因组?

基因组指由父母遗传而来的一套完整基因。不同物种间,基因组的大小各不相同。目前尚无法确定人类基因组的最终数量。

各物种基因组数量

类别	物种	基因组数量(碱基)	预计基因数
人类免疫缺陷病毒	HIV	9700	9
细菌	大肠埃希氏菌	460 万	3200
酵母	酿酒酵母	1210 万	6000
线虫	秀丽隐杆线虫	9700 万	19099
芥末草	拟南芥	1 亿	25000
果蝇	黑腹果蝇	1 亿 3700 万	13000
河豚	红鳍东方豚	4 亿	38000
老鼠	小家鼠	26 亿	30000
人类	现代智人	30 亿	30000

怎样在基因组中发现基因?

要从拥有 3 万 ~ 4 万个基因的人类基因组中找出某个基因极为困难。但是,如果能够识别那个基因产生的蛋白质,这一过程就会简单得多。例如,如果研究人员要寻找老鼠血红蛋白的基因,便会将血红蛋白从老鼠的血液中分离出来,确定氨基酸序列,并以此为模板得出核苷酸序列。再进一步反推,通过使用互补 DNA 探针,就可以在整个老鼠基因组中辨认出拥有相同序列的 DNA 分子。

但是,如果基因产生的蛋白质未知,就会比较困难。例如,在寻找晚发性阿兹海默症的疑似基因时，首先会从患者家人中收集 DNA 样品，使用限制性内切酶对 DNA 进行分割后，再对比其限制性片段长度多态性。如果某些限制性片段只在患病基因出现时才显现出长度多态性，从而可以推测，该片段标记有致病基因。遗传学家随后会对染色体同一位置（标记出现处）的 DNA 进行排序，寻找潜在的致病基因。

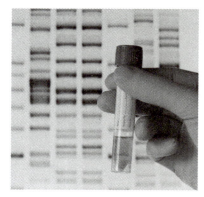

🔵 科学家们已经绘制出完整的人类基因图谱，并在有些遗传病的病因探究方面取得巨大进展。此外，基因分析在取证室中也发挥着重要作用

遗传学与 1692 年发生在马萨诸塞州萨勒姆的萨勒姆审巫案有什么关系？

人们认为，定居在新英格兰的早期英国殖民者可能患有亨丁顿舞蹈症。这是一种常染色体隐性疾病，症状发作较迟（40 ~ 50 岁），表现为行为上和神经方面的轻微变化。随着疾病加深，患者频繁出现精神问题，最终导致精神错乱。早期，人们把病人的古怪行为称为"混乱""圣维特斯舞蹈"，用以描述肌肉无意识地抽搐和颤动。很多判为魔鬼附身的女巫可能就是患了亨丁顿舞蹈症，所以才导致她们不由自主的奇怪行为。

什么是基因工程?

基因工程，俗称分子克隆或基因克隆，指人工将核酸分子在试管中重组后，植入病毒、细菌质粒或者其他载体系统，随后重组分子与宿主结合，在宿主体内继续繁殖。由于这些分子的构建涉及使用生化手段产生的新遗传组合，这一过程也被为转基因。

基因工程技术包括细胞融合和 DNA（RNA）重组（基因剪切）。细胞融合时，首先用酶剥除精子和卵细胞的坚硬外膜，随后在化学物质或病毒的作用下，脆弱的细胞混合并结合在一起。结果可能是由两个物种创造出一种新的生命形式。DNA 重组技术指的是将生物体的特定遗传物质转移到另一个生物体。这个过程需要用到：细菌质粒（细菌染色体之外的小型环状 DNA）、酶（例如限制性内切酶，这种酶可切割 DNA 链）、反转录酶（可从 RNA 链合成 DNA 链）、DNA 连接酶（可将 DNA 链连接在一起）以及聚合酶（能够用单链引物分子得到双链 DNA 分子）。

首先要将适当的 DNA 链分离并断开。随后切开质粒 DNA，将其与目标 DNA 片段混合，再导入细菌细胞。现在，这些杂种质粒已经与宿主细胞混合形成转化细胞。由于只有部分转化细胞能表现出目标特征或基因活性，所以它们要分开培养，独立生长。利用这一方法，人们已经成功生产出大量用于生物技术产业的激素，如胰岛素。转化动物或植物的细胞要困难得多。然而，使植物具有抗病性或使动物体形更大的技术还是存在的。由于基因工程干扰遗传过程，而且更改了人类遗传结构，人们不禁对伴随的伦理问题、创造细菌形式可能导致的健康与生态后果等感到担忧。以下为基因工程在各领域的一些应用：

农业——农作物产量更高，抗病抗旱能力显著增强；防止作物低温受损的细菌喷雾；通过改变动物性状，改良牲畜。

工业——使用细菌将废旧报纸和木片转化成糖；使用吸油、吸毒素细菌处理漏油或清理有毒废物；使用酵母加快酒发酵。

医学——改变人类基因来消除疾病（处于实验阶段）；更快、更经济地生产人类必需的药物，减缓药物匮乏以及疾病症状（但不能治愈），如胰岛素、干扰素（用于治疗癌症）、维生素、人类成长激素 ADA、抗体、疫苗和抗生素。

科研——在医学研究（尤其是癌症研究）中改变基因结构。

食品加工——乳酪成熟过程中的凝乳酶。

基因工程的首次商业应用是什么？

DNA 重组技术的首次商业应用是从细菌中生产人体胰岛素。1982 年，转基因胰岛素得到批准，用于治疗糖尿病。胰岛素通常由胰腺产生，屠宰后的动物（如猪或羊）的胰腺通常用作胰岛素源。为保证胰岛素的可靠来源，研究人员从人体细胞内提取了带有胰岛素基因的 DNA，复制后移植到细菌内。细菌在实验室内生长，由一个细胞分裂为两个带有胰岛素基因的细胞。两个细胞继续生长，分裂为四个，四个变为八个，八个变为十六个……每次分裂后，两个新细胞都具有复制的胰岛素基因，细胞具有胰岛素的基因"配方"，因此都能够产生胰岛素蛋白质。

基因工程在动物和微生物中有哪些应用？

生物技术的最早应用之一就是一类生长激素（牛生长激素）的基因工程。在自然条件下，这种生长激素由牛科动物的脑垂体分泌，能够增加泌乳奶牛的产奶量。通过生物技术，科学家们可以借生物工程将控制生长激素生产的基因植入大肠杆菌，细菌在发酵室内生长并产生大量的生长激素。生物工程获得的生长激素注入泌乳奶牛的体内后，全国牛奶增产高达 20%。有了生长激素，农民们就能够保持畜群产奶量稳定，避免产量波动。经过 10 年的研究之后，1993 年，美国食品药品管理局（FDA）批准使用重组牛生长激素。此时出现了一个相似的方案，将猪的生长激素注射到猪体内，从而减少背部肥肉，增加瘦肉产量。猪生长激素已经在选定区域内进行试销售，无任何副作用，但目前尚未得到 FDA 的批准。

第一种大批量用作食材的转基因动物是鲑鱼。在通过了消费者与环境安全的严格评估后，转基因鲑鱼于 2001 年在美国食品市场上市。用传统的饲养方式，鲑鱼需要 36 个月才能长到上市大小（6 ~ 10 磅 2.72~4.54 千克），而这种鲑鱼只需要 18 个月。培育转基因鲑鱼可以减少对野生鲑鱼的过度捕捞。

什么是克隆？

克隆指一个原始细胞通过二分裂（一个细胞分化成两个）或有丝分裂（细胞核分裂，每条染色体分成两条）形成一组细胞。它延续现有生命体的基因构成。数百年来，园丁们通过植物扦插复制基因，从而克隆植物。现代科技极大地拓宽了克隆的范围，也可以克隆无法扦插的植物或动物。对于植物的克隆，首选扦插法，扦插必须最大限度符合再生成功、美观或其他标准。由于植物的所有细胞都含有该种植物的全部基因信息，因此插穗可以来自植物的任何部分。插穗放置在含有营养物质和生长激素的培养基中后，细胞分裂，每六周左右长大一倍，直到细胞群产生小的白色球状点，即胚状体。胚状体生根发芽，开始生长成微小的植物。这些植物转移到混合肥料中后，会长出与母体一模一样的植物。整个过程称为组织培养，共历时 18 个月。人们已经用组织培养克隆出了棕榈树、芦笋、凤梨、草莓、球芽甘蓝、花菜、香蕉、康乃馨、蕨类等植物。这一方法除了用来克隆优良、高产的植物外，还能够抑制通过正常的种子繁殖来传播的病毒性疾病。

第一只成功克隆的动物是什么？

1970 年，英国分子生物学家约翰·B·戈登（John B. Gurdon，1933—）克隆出了一只青蛙。他将蝌蚪的肠细胞核移植到已经去除细胞核的蛙卵内。蛙卵发育为成年青蛙后，体内细胞具有这只蝌蚪的基因组，因此属于蝌蚪的克隆。

第一只成功克隆的哺乳动物是什么？

第一只用成年细胞克隆出的哺乳动物是一只叫多莉的母羊。多莉于 1996 年 7 月 5 日出生于苏格兰的一家研究机构。伊恩·威尔穆特（Ian Wilmut，1944—）领导的生物学家团队从一只成年母羊体内取出乳腺细胞的细胞核并移植到另一只母羊的去核卵子内，随后通过电脉冲使细胞核与新宿主融合。卵子开始分裂并逐渐发育为胚胎后，便移植到代孕母羊体内。从基因上讲，多莉与提供细胞核的母羊为双胞胎。1998 年 4 月 13 日，多莉与一只威尔士山羊自然交配后产下了邦妮。这表明多莉是一只健康、可生育的母羊，能够孕育出健康的后代。2003 年 2 月 14 日，由于患有严重的关节炎，以及绵羊反转录病毒导致的肺病逐渐恶化，人们给多莉实施了安乐死。

什么是进化？

虽然在 19 世纪人们对进化的最初定义是"经优化的后代"，但现在进化的定义是"随着时间的流逝，种群内基因性状变化频率（又称等位基因频率）的改变"。

关于进化的早期观点有哪些?

虽然有些希腊哲学家提出过生命演进理论，但柏拉图（Plato，前427—前347）和亚里士多德（Aristotle，前384—前322）没有留下任何相关理论。在18世纪，自然神学（将生命解释为造物主的计划）统治着整个欧洲。受这种思想的驱动，卡尔·林奈（Carl Linnaeus，1707—1778）最早将所有已知生物按界进行分类。在查尔斯·达尔文的作品问世之前，还曾流行过"特别创造说（神创论）""混合遗传（后代总是混合了父母双方特征）"和"获得性状"等理论。

什么是拉马克进化论?

人们认为，法国生物学家让·巴蒂斯特·德·拉马克（Jean Baptiste de Lamarck，1744—1829）是第一位提出理论来试图阐释生物体进化过程和原因的人。而他提出的原理被称为"获得性遗传"，指个体一生所受的影响会作为遗传特性遗传给后代。这一理论有时也称作"用进废退"。一个经典的例子就是长颈鹿的脖子。拉马克进化论推测，长颈鹿伸长脖子去够更高树枝的树叶，导致脖子越来越长。结果脖子长度的增加也会录入到精子和卵子中，长颈鹿的后代长大后也拥有较长的脖子。尽管拉马克的理念是基于对数据的分析（脖子长的长颈鹿生出的后代脖子也长），他却不知道，通常来说环境因素并不会直接改变遗传序列。

查尔斯·达尔文是谁?

查尔斯·达尔文（Charles Darwin，1809—1882）提出了自然选择理论。这一理论彻底改变了自然科学的方方面面。达尔文出生于一个医生家庭，本计划继承父亲和祖父的职业做一名医生。由于晕血，才转而去剑桥大学研究神学，并于1830年获得学位。

什么是"贝格尔号"之旅?

"贝格尔号"（HMS Beagle）为一艘海军测量船。该船于 1831 年 12 月离开英格兰，前往巴塔哥尼亚、秘鲁和智利去测绘沿海水域。在这场历时 5 年的远航中，达尔文的工作是陪伴船长、没有薪水，但这段时间让他对自然历史的兴趣得到了满足。在前往亚洲的途中，"贝格尔号"在厄瓜多尔沿岸的加拉帕戈斯群岛稍作逗留。在对当地进行观察后，达尔文形成了他的自然选择理论。

达尔文雀有什么意义?

在对加拉帕戈斯群岛的研究中，达尔文观察了动物和植物。他意识到，物种会随着时间推移改变自己，产生新的物种。达尔文收集了几种山雀。这些山雀外表相似，但每种都进化出了特有的捕食喙。一些物种的喙比较厚重，能够敲开坚硬的种子。另外一些的喙较细长，适于捕捉昆虫，还有一种能够用细枝探测树洞内的昆虫。各种山雀都类似于南美洲的一种雀鸟。事实上，加拉帕戈斯群岛上的所有动植物都与附近南美洲海岸（600英里/1000 千米）的同类相似。达尔文认为，对于这种相似性的最简单解释就是：加拉帕戈斯群岛上的一些物种是

🌿 达尔文死后 3 年（1885 年），人们在伦敦的自然历史博物馆立起了一座达尔文雕像

从南美洲迁徙而来的。在移居到新家园的几年中，少数动植物发生变化，从而产生许多新的物种。进化论认为，为了应对环境的挑战，物种会随着时间改变。

地质学如何影响了达尔文？

查尔斯·达尔文在乘坐"贝格尔号"旅行时，阅读了查尔斯·莱尔（Charles Lyell，1797—1875）的著作《地质学原理》。当时灾变说很流行，被普遍认为是导致地质变化的力量。莱尔的理论认为，地质变化不仅仅是随机灾难的结果。相反，他认为地质成因大多就是人一生中常见的暴雨、海浪、火山爆发和地震等活动。这个观点叫作均变论，它认为今天的地质变化在遥远的过去也曾出现。这个结论使莱尔以及在他之前的詹姆斯·赫顿（James Hutton，1726—1797）意识到，地球的年龄一定远远超过此前公认的 6000 岁，因为这些均变过程需要几百万年的时间才能形成他所观察到的地质结构。达尔文游览南美洲时所读的莱尔的书为他开辟了全新的视野，他发现可以用进化论来解释他的思想。

阿尔弗雷德·拉塞尔·华莱士是谁？

阿尔弗雷德·拉塞尔·华莱士（Alfred Russel Wallace，1823—1913）是一位自然学家。1858 年，他的理论和达尔文的理论一同递交给了伦敦林奈学会。在广泛游历亚马孙流域之后，华莱士独立得出与达尔文相同的结论，即自然选择在物种多样化中扮演着重要的角色。华莱士还曾在印尼收集自然历史标本。他与达尔文一样，也读过托马斯·马尔萨斯（Thomas Malthus，1766—1834）的著作。在印尼身患疟疾期间，华莱士将马尔萨斯的生存挣扎理论与人口变动的原理联系在一起。华莱士据此写了一篇文章，1858 年与达尔文的作品一起交了上去。

"达尔文的斗牛犬"是谁？

托马斯·赫胥黎（Thomas Huxley，1825—1895）是达尔文理论的坚定支持者。事实上，在达尔文的《物种起源》出版后不久，赫胥黎便写了书评，对此书大加赞赏。《物种起源》出版后不久就引发了激烈的论战，赫胥黎准备为达尔文辩护，他也有这个能力。长期以来，达尔文对自己的理论从不公开辩护，当时又生了病，更不会作声了。1860年，在英国科学促进协会上，赫胥黎与主教塞缪尔·威尔伯福斯（Samuel Wilberforce，1805—1873）进行了一场辩论。赫胥黎的辩护慷慨激昂，甚至赢得了"达尔文的斗牛犬"的称号。

《物种起源》有哪些意义？

在专著《物种起源》中，达尔文首次提出了基于自然选择的进化理论。这本书的发表迎来了人类思考自身本质的新时代。许多人认为，相较于艾萨克·牛顿（Isaac Newton，1643—1727）和其他人的作品，《物种起源》引起的知识革命更广泛，对人们的人生观和世界观的影响更深远。它的影响立竿见影——第1版《物种起源》在出版当天（1859年11月4日）就被抢购一空。这本书又被称为"震惊世界的书"。今天，一切关于人类未来、人口爆炸、生存斗争的讨论，以及对于人生观、宇宙观、人在自然中角色的探讨都建立在达尔文的理论基础上。

《物种起源》是达尔文分析解读贝格尔之旅中研究发现的产物。在达尔文的时代，对物种多样化的流行解释是《圣经·创世纪》中上帝创造世界的故事。《物种起源》最早通过合乎科学、条理清晰的证据证明了进化论。达尔文的理论建立在自然选择的基础上，即最优秀或适应能力最强的个体生存的概率通常要大于适应能力差的个体。如果个体存在和适应能力相关的基因差异，物种就会随时间改变，最终趋向于适应能力强的个体。这一过程分为两部分：第一，出现变异；第二，自然选择对多样性进行分类，适者生存。

我们身边的生命

达尔文有什么绰号吗？

达尔文有好几个绰号。作为"贝格尔号"船上年轻的博物学家，他对学术的追求让人们戏称他为"哲学家"。而当同船的人对他满仓的标本表示厌恶时，又称他为"捕蝇鸟"。后来，达尔文成为科学界的领袖，记者们又将称他为"平民圣人""科学圣徒"，但是他的朋友托马斯·亨利·赫胥黎私下里称他为"平民恺撒""科学教皇"。他自己最喜欢的绰号是"傻瓜斯图特斯"，还经常在给科学界朋友们的信中署名斯图特斯。这个名字的意思是他热衷于旁人认为徒劳或愚蠢的实验。

谁发明了"适者生存"这个说法？

虽然人们经常把"适者生存"与达尔文主义联系在一起，但这个说法实际上是英国社会学家赫伯特·斯宾塞（Herbert Spencer，1820—1903）首次提出的。"适者生存"指的是对于生存环境适应能力差的生物往往灭亡，适应能力强的生物得以生存。

什么是达尔文—华莱士理论？

达尔文—华莱士理论可归纳如下：总体来说，物种源自共同的祖先，却又有所改变。促使这些改变的全部自然力量就是自然选择。通过改变或适应，群体中的个体可以更好地适应环境，生存下去。达尔文在《物种起源》中阐述的四个基本条件为：1）物种中的个体是可变的。2）变异中的部分物质遗传给后代。3）每一代所产生的后代数量要多于存活数量。4）个体的生存和繁殖并不是随机的，能够生存并继续繁衍后代的个体具有最有利的变异。它们是自然选择的结果。根据这些条件，我们可以通过逻辑推测：种群的性状会随着每一代变化，直到种群与原物种明显不同。这一过程就称为"进化"。

为什么进化能成为一种"理论"？

科学理论是对观察到的现象的解释，它的背后需要科学数据的支持。"理论"一词表明，随着新数据的出现，这个解释就会得到修正。例如，达尔文—华莱士理论的提出要早于人们发现基因的分子本质。但是前者也包括这一信息。

哪门自然科学为进化提供了证据？

尽管自然科学任何领域的信息都与进化论息息相关，但有几门特定的学科直接支持了达尔文与华莱士的理论。通过古生物学、地质学和有机化学，人们可以了解现有生物如何进化而来。生态学、遗传学和分子生物学也向人类展示了现有生物如何随着环境而改变、经历进化。

什么是缪氏拟态？

1878 年，德裔动物学家弗里茨·缪勒（Fritz Müller，1821—1897）描述了一种现象：为了应对天敌而做出相同适应性改变的物种具有相似的外表。这一现象称为缪氏拟态。缪氏拟态包括黄蜂和蜜蜂，两者都具有类似的黄黑色的条纹图案，用来警告可能的天敌。

什么是贝氏拟态？

1861 年，英国博物学家亨利·沃尔特·贝茨（Henry Walter Bates，1825—1892）提出，为防止被天敌吃掉，无毒生物可能演变成（尤其是在颜色和色彩图案上）外表看似有毒，而且看似很难吃的物种。与不可食用的帝王蝶相似的总督蝶就是典型。除此之外，天蛾幼虫感到不安时，头部和胸腔就会肿起来，再加上一双眼睛，看起来就像毒蛇的头。这种模仿甚至也包括幼虫前后晃动自己的头部，并像蛇一样发出嘶嘶声的行为。这就是贝氏拟态。

什么是奥巴林—霍尔丹假说？

20世纪20年代，亚历山大·奥巴林（Alexandr Oparin，1894—1980）与约翰·霍尔丹（John Haldane，1892—1964）两人分别独立研究，提出地球上生命起源之前的设想情景（有机生命进化的前提条件）。尽管存在细节上的差异，两个模型均描绘出一个大气中含有氨与水蒸气的早期地球。两人也均推测，有机分子的聚合始于大气之中，随后再转移到海洋里。奥巴林—霍尔丹模型分为以下几步：

1. 包括氨基酸和核苷酸在内的有机分子无生命地合成在一起（没有活细胞）。
2. 原生汤中的有机单元组合进蛋白质、核酸高分子中。
3. 生物高分子组成一个可自我复制的机体，并以现有的有机分子为食。

谁证实了奥巴林—霍尔丹假说？

1953年（沃森和克里克发表关于 DNA 结构的著名论文那一年），哈罗德·尤里实验室的研究生斯坦利·米勒（Stanley Miller，1930—2007）制作了一套仪器，模拟当时人们心目中的早期地球大气层——一个含有甲烷、氨气与氢气的还原大气层。在密闭的容器内，米勒将水煮沸，进行电击后再冷却。仪器在运行几天之后，米勒检测了仪器中的水，发现了多种蛋白质的组成单元——氨基酸。最终，科学家们重复进行了米勒—尤里实验，并且得到了其他类型的氨基酸、核苷酸（DNA 的基本构成单元）以及糖。

我们身边的生命

什么是间断平衡？

间断平衡是一种生物进化的模型。1972 年，尼尔斯·埃尔德雷奇（Niles Eldredge，1943—）和史蒂芬·J. 古尔德（Stephen J. Gould，1941—2002）首次详细阐述了间断平衡。人们将这个理论视为对新达尔文主义者假设的逐步进化模式的补充或挑战。间断平衡模式认为，地质历史的绝大多数时期基本上并不存在进化变异，只有在短暂的几个时期（就地质历史而言，几百万年）出现了快速进化变异。同源盒基因（控制胚胎发育）的发现证实了古尔德与埃尔德雷奇的结论。同源盒基因出现在所有脊椎动物和很多其他物种体内，它们控制着发育胚胎中身体部位的布局。基因顺序的微小变动都会在短期内导致物种身体的巨大改变，从而产生出新的生物形式，出现新的物种。

化石是如何形成的？

化石指的是保存下来的曾经存活的生物遗体。生物体在死亡后通常会被食腐动物完全消化或分解，所以化石形成的概率极小。如果身体结构未被消化或分解，就可以以化石的形式保存在琥珀（硬化树液）、西伯利亚永久冻土层、干燥的洞穴或岩石内。其中，岩石化石最为常见，其形成有 3 个必要条件：

1、生物体必须埋藏在沉淀物中。
2、身体硬结构必须矿化。
3、围绕化石的沉淀物必须逐渐硬化，成为岩石。

许多岩石化石要么在发现之前就腐蚀掉了，要么就是位于科学家遥不可及的地方。岩石化石的价值不仅仅在于提供曾经存活的生物体的结构信息，它们还能使研究人员通过普通化石在地质层中的位置，为其他更罕见的化石确定存在时间。

什么是猴子审判？

1925年，由于讲授进化论，美国高中生物老师约翰·T.斯科普斯（John T. Scopes，1900—1970）受到了田纳西州政府的传讯。田纳西州立法机构最新通过的法律规定，在该州任何公立学校讲授任何否定神创造人的理论都是违法的。斯科普斯被判有罪，需要服刑。但这份判决不久就撤销了，这条法律也在1967年被废除。

21世纪早期，学校委员会承受的压力仍然影响着进化论教学。最近，反进化论者极力禁止讲授进化论，或要求用同样的课时讲授"神创论"（像《圣经·创世纪》中描述的那样）。

● 约翰·T.斯科普斯（右）与他的律师约翰·R.尼尔在一起

这已经引起了很多方面的问题，包括政教分离、公立学校中争议课程的教学以及科学家与公众沟通的能力。化石记录的逐步完善、比较解剖学的研究成果以及许多生物科学的进步已经使进化论思想更容易为人们所接受。

人类是如何进化而来的？

据称，现代人类（智人）的系谱起源于直立猿人，一种近5英尺（1.5米）高的猎人。人们普遍认为他由南方古猿的祖先进化而来。到更新世的初期（200万年前），直立猿人已经进化为直立人，能够使用火，并拥有自己的文明。而在更新世中期（约12万—4万年前），直立人已逐步向智人（尼安德特人、克罗马农人和现代人）进化。现代智人的前身就会建造棚屋、缝制衣物。

什么是红皇后假说？

红皇后假说也称"不断灭绝定律"，得名于刘易斯·卡洛尔（Lewis Carroll，1832—1898）所著《爱丽丝镜中奇缘》中的红皇后。在书中红皇后说："在这个国度中，必须不停地奔跑，才能使你保持在原地。"这种观点说明的是一个物种的逐渐进化标志着其他物种生存环境的恶化。这就迫使其他物种不断进化，防止被淘汰。

分类、实验仪器与技术

生物的分类在历史上有哪些变化？

从亚里士多德到卡尔·林奈，最早提出分类系统的科学家们将生物分为两大界——植物界和动物界。在19世纪，恩斯特·海克尔（Ernst Haeckel，1834—1919）提议，为既不属于植物也不属于动物的简单生物建立第三界——原生生物界。1969年，R.H.魏泰克（R.H.Whitaker，1920—1980）提出了5界分类系统，分

别为细菌类生物所在的原核生物界、原生生物界、真菌界（多细胞非光合异养生物、单细胞酵母菌）、植物界和动物界。目前，该分类系统仍然广泛为人们所接受；1977 年，卡尔·乌斯（Carl Woese，1928—）提出的分类系统分 6 界：古细菌界、真细菌界（两者都属细菌）、原生生物界、真菌界、植物界与动物界。1981 年，乌斯又推出了基于三大域（高于界的分类层）的分类系统：真细菌域、古细菌域和真核生物域。其中，真核生物域又分为 4 个界：原生生物界、真菌界、植物界和动物界。

谁发明了最早的动植物分类系统？

分类学指的是对几百万种动植物进行命名和分类。分类学为动植物的比较、概括提供了基础。卡尔·林奈将分类系统分为两大组成部分：植物（1753 年）和动物（1758 年）。他通过观察到的外表差异和相似性对生物进行分类。每种植物和动物都有两个拉丁语学名（双名法），一个是属的名字，另一个代指属内的种。今天，这一命名系统仍然在用。美洲蝗（Schistocerca americana，沙漠蝗属，美洲蝗种）和北美乔松（Pinus strobus，松属，北美乔松种）就是双名法命名物种的例子。

域和界有什么区别？

域是一个高于界的分类范畴。生物学的 3 个域有：真细菌域、古细菌域和真核生物域，它们是生命的主要类别。域从本质上讲是超级界。界包含有一个或多个门。真核生物传统的 4 界包括：原生生物界、真菌界、植物界和动物界。

BIOLOGY

各界中的生物有哪些主要特点？

界	细胞类型	特点
原核生物（真细菌界与古细菌界）	原核细胞	单细胞，没有成形的细胞核与其他膜细胞器
原生生物	真核细胞	主要为单细胞或简单的多细胞，有些含有叶绿体，包括原生动物、藻类及黏菌类
真菌	真核细胞	单细胞或多细胞，如酵母菌；无法进行光合作用
植物	真核细胞	单细胞或多细胞，可进行光合作用
动物	真核细胞	多细胞生物，许多具有复杂的器官系统

生物学家一共发现了多少种生物？

迄今为止，生物学家描述且进行正式命名的动植物和微生物约有 150万种。一些生物学家相信，这只是现存生物中的一部分，并估计还有1000 万个物种有待人类发现、分类并命名。据估计，海洋生物占所有物种的 15%。同时，大多数科学家认为，人类仅发现了 5% 的细菌、真菌、线虫和螨虫。

什么是细胞培养技术？

细胞培养技术指对多细胞生物的细胞进行（体外）培养。大多数研究过程需要在母体外培养细胞，因此这项技术对生物技术加工极为重要。细胞在培养基中通常需要非常特殊的条件（如特定 pH 值、温度、养分和生长因子）才能生长。细胞培养可以在各种容器中进行，从简单的有盖培养皿到大规模的滚瓶培养（指轻轻滚动瓶子使培养液流过细胞）。

体内研究与体外研究有什么不同？

体内研究中使用的是活的生物体和样本。相反，体外生物研究则是在生物体之外（如培养皿或试管中）独立进行。

显微镜都有哪些共同元件？

要成像就需要 3 个元件：照明光源、被检查物种和镜片系统。镜片系统可将光照聚焦在物种身上，形成图像。

不同的显微镜有哪些差别？

显微镜在细胞生物学的发展中扮演了核心角色，它使科学家观察到了肉眼无法看到的细胞和细胞结构。光学显微镜和电子显微镜是两种最基本的显微镜。两者的主要区别在于照明光源与镜片结构不同。光学显微镜的照明光源为可见光，并使用一系列玻璃镜片。而电子显微镜的照明光源则是钨丝加热后产生的电子束，镜片系统由一系列电磁铁构成。

近年来，光学技术的进步也引领了专业光学显微镜的发展，例如荧光显微术、相差显微术和微分干涉差显微术。在荧光显微术中，人们向特定的分子植入荧光染料。而在相差显微术和微分干涉差显微术中，当光线射入与周围介质折射率不同的结构时，两者均利用技术来增强和放大光传输过程中的细微变化。

谁发明了复式显微镜？

复式显微镜的原理是通过排列两个或多个镜片形成物体的放大图像。这一原理几乎是好多个人同时想到的。16 世纪末（1590—1609），许多眼镜商（尤其在荷兰）热衷于制造望远镜。因此，很有可能是当时的眼镜商想到了这个方法。而人们认为，主要功劳应归功于 3 位荷兰的眼镜制造商——汉斯·詹森（Hans Janssen）、他的儿子扎卡里亚斯（Zacharias，1580—1638）和汉斯·利伯希（Hans Lippershey，1570—1619）。英国人罗伯特·虎克（Robert Hooke）是最早充分利用复显微镜的人。他 1665 年的著作《显微图谱》就包含着绝美的显微观察绘图。

电子显微镜是谁发明的？

光学显微镜应用时存在的理论极限和实际限制是由光的波长决定的。研发示波器时，人们意识到阴极射线的波长远远小于光波的长度，可用来分辨更为精细的细节。1928 年，恩斯特·罗斯卡（Ernst Ruska，1906—1988）与马克斯·克诺尔（Max Knoll，1897—1969）用磁场将电子聚焦在一束阴极射线中，制作出放大率为 17 倍的原始仪器。1932 年，两人就已经研制出放大率为 400 倍的电子显微镜。而到 1937 年，詹姆斯·希利尔（James Hillier，1915—2007）将放大率提高到了 7000倍。1939 年，弗拉基米尔·兹沃里金（Vladimir Zworykin，1889—1982）制造的仪器比任何光学显微镜都清晰 50 倍，其放大倍数可达 200 万倍。电子显微镜彻底革新了生物学研究：科学家们有史以来第一次能够观察到细胞结构、蛋白质和病毒。

 电子显微镜使用的光源为钨丝加热后发出的电子束

生物标本最常用到的
放射性同位素是什么？

氚（^{3}H）是自动射线照相术中使用最普遍的放射性同位素。氚的分辨率在光学显微镜下可达约 1 微米，在电子显微镜下为 0.1 微米。

由于氢是生物细胞中的常见元素，许多标注 ^{3}H 的化合物都适用自动射线照相术中。^{3}H—氨基酸可用来定位新生成的蛋白质。^{3}H—胸腺嘧啶可用来监控 DNA 的合成。^{3}H—尿嘧啶、^{3}H—胞嘧啶等可用来定位新生成的 RNA 分子。而 ^{3}H—葡萄糖可用于研究多糖的合成。

生
物

什么是电泳？

电泳是一种用来分离生物分子（如核酸、糖类和氨基酸）的技术。电泳的基本原理为：分子在缓冲溶液中受直流电的影响会出现移动。带正电荷的分子向负电极移动，带负电荷的分子向正极移动。

离心法在生物学中有哪些应用？

离心法指使用离心力将不能混合溶解的液体或固体从液体中分离出来。由于离心力较大，它可以代替重力加速液体间的分离过程。生物学家主要用离心法分离亚细胞器和大分子，并确定它们的生物特性以及功能。他们研究离心力对于细胞、发育胚胎和原生动物的影响。有了这些技术，科学家们就能确定细胞的某些特性，其中包括表面张力、细胞质相对黏度，以及在完整细胞内再分配时，细胞器空间和功能上的相互关系。

BIOLOGY

色谱分析法有哪些用处？

色谱分析法可用来分离、鉴定混合物中的化学物质。它可用来：分离、鉴定混合物中的化学物质；检验化学产品的纯度；鉴定产品中的杂质；净化化学产品（用于实验室或工业生产）。

如何使用色谱分析法鉴定单个化合物？

色谱分析法是另一种将混合物分离为单个化合物的技术。最常见的色谱分析技术包括：纸层析法、气液色层法（也称气相色谱分析）、薄层色谱法和高压（高效）液相色谱法。所有的色谱分析法都具有相同的特点。其原理为：不同的化合物在固体表面的黏附程度或液体层内的溶解程度不同。在色谱分析法中，首先将样品（或提取样品）溶解于流动相（气体、液体或超临界流体）中。流动相受到冲压，成为稳定、互不相容的固定相。样品中化合物在各相中具有不同的溶解度。首先将最不可溶的化合物分离出来，随后逐渐增大溶解度，分离出其他化合物。

什么是光谱学？

光谱学指研究元素和化合物构成、结构与结合的各种技术。不同光谱分析法使用不同的电磁谱波长研究原子、分子、离子以及三者之间的关系。

光谱分析法	使用波长
核磁共振光谱法	无线电波
红外光谱法	红外线
原子吸收光谱法、原子发射光谱法和紫外光谱法	可见光和紫外线
X 射线光谱法	X 射线

什么是生物信息学？

生物信息学是一个由生物学、计算机科学和信息技术融合而成的科学领域。这一学科的终极目标是发掘新的生物学知识，并站在全球的视角推断出通用的生物学原理。生物信息学分为三个重要的分支学科：1）研究评估大数据集之间相互关系的新算法及统计学；2）分析解读各种类别数据，包括核苷酸与氨基酸序列、蛋白质结构与结构域；3）研究并应用可高效获取、管理各类信息的工具。

PLANT WORLD
植物世界

基本介绍与历史背景

植物有哪些普遍特征?

植物是一种细胞壁富含纤维素且具有叶绿体的多细胞真核生物。绝大多数植物为陆地自养生物（可独立生产食物），以体内的淀粉作为主要碳水化合物储备食物。大多数植物含有叶绿素 a、叶绿素 b 和叶黄素（黄色素）、胡萝卜素（橘色素）。

植物学有哪些主要分支?

植物学的主要分支包括：
农学——将植物学应用于作物生产中。
苔藓植物学——研究藓类和苔类。
经济植物学——研究人类对植物的利用。
民族植物学——研究土著人对植物的利用。
森林学——研究森林管理以及林产品的利用。
园艺学——研究观赏植物、蔬菜和果树。
古植物学——研究化石植物。
孢粉学——研究植物花粉和孢子。
植物化学——研究植物化学，包括植物发生的化学反应。

植物解剖学——研究植物细胞和组织。
植物生态学——研究植物在环境中的作用。
植物遗传学——研究植物的基因遗传。
植物形态学——研究植物形态与生命周期。
植物病理学——研究植物疾病。
植物生理学——研究植物功能和发展。
植物系统学——研究植物的分类与命名。

🗨 上图为希腊哲学家泰奥弗拉斯托斯半身像，他是公认的"植物学之父"

公认的植物学创始人是谁？

古希腊人泰奥弗拉斯托斯（Theophrastus，约前372—前287）是公认的植物学之父。他的两本植物学著作《植物志》和《植物之生成》内容全面，以至于1800年后才有新的植物学发现。他将农业实践融入植物学中，创立了关于植物生长与结构分析的相关理论。泰奥弗拉斯托斯还将植物与它们的自然环境联系在一起，识别描述了550种植物，并进行分类。

什么是《格雷手册》？

1848年，阿萨·格雷（Asa Gray，1810—1888）出版了最早的《格雷手册》，当时取名为《北美植物手册》。这本书是最早鉴定北美东部地区植物的指导手册之一，书中涵盖了对植物关键而详细的描述。1950年，梅里特·林登·弗纳尔德（Merritt Lyndon Fernald，1873—1950）在大量改写、扩充内容后，出版了第8版（百年纪念版）

《格雷手册》。第 8 版由 R.C. 罗林斯（R.C.Rollins）修订更新，于 1987 年由迪奥斯科里季斯出版社（Dioscorides Press）再版。

约翰·巴特拉姆父子对植物学有哪些贡献？

约翰·巴特拉姆（John Bartram，1699—1777）是第一位生于美国的植物学家。他和他的儿子威廉·巴特拉姆（William Bartram，1739—1823）脚步遍及美洲殖民地，观察各种动植物。虽然约翰·巴特拉姆未发表任何观察结果，人们仍将其视为美国植物学的泰斗。1791 年，他的儿子威廉以《巴特拉姆游记》为书名发表了约翰·巴特拉姆关于美国动植物的笔记。

大麻有哪些历史意义？

在美洲殖民地早期，大麻就像今天的棉花一样普遍。它易于种植，需水量少，且无需肥料和杀虫剂。其织物布料的外表和手感均与亚麻布类似。它曾用来制作军服、纸张（《独立宣言》的前两份草稿均写在大麻纸上）以及多用途布料。贝琪·罗斯（Betsy Ross）缝制的国旗用的就是红白蓝三色大麻布。

随着时间的流逝，植物分类有哪些变化？

植物最早按照是否有药用价值或其他用途进行分类。监察官加图（Cato the Censor，前 234—前 149）的著作《农业志》列出了 125 种植物，是最早的罗马植物志之一。加伊乌斯·普林尼·塞坤杜斯（Gaius Plinius Secundus，23—79），又名老普林尼，其著作《博物志》发表于1世纪。该书为最古老的古代重要植物志之一，共描述了1000多种植物。随着发现的植物越来越多，其分类也日趋复杂。1583年，最早的植物分类学家之一、意大利植物学家克萨皮纳斯（Caesalpinus，1519—1603）根据不同的特性，如叶片构造、种子果实外表，对1500种植物进行了分类。

约翰·雷（John Ray，1627—1705）是第一位按照植物多重相似性与特点进行分类的植物学家。其著作——《植物史》发表于1686年—1704年间，书中对18000多种植物进行了详细分类，并区别了单子叶与双子叶开花植物。法国生物学家J.P.德·特纳福特（J.P.de Tournefort，1656—1708）最早在"科"与"种"之间引入"属"。他的分类系统有700属，共包括9000种。1753年，瑞典博物学家卡尔·林奈出版了《植物种志》。该书按照繁殖特点将植物整理为24纲。今天，林奈的双名法仍然是应用最普遍的动植物分类系统。然而，这种系统往往无法反映自然关系，因此被认为是人工分类法。

18世纪晚期，人们提出了几套自然分类系统。法国植物学家安东尼·劳伦·德·朱西厄（Antoine Laurent de Jussieu，1686—1758）出版了著作《植物属志》。1824年，瑞士植物学家奥古斯丁·彼拉姆斯·德·堪多（Augustin Pyrame de Candolle，1778—1841）着手编写了《植物界自然系统概论》，前后历时50年才完成。1862年—1883年，英国植物学家乔治·边沁（George Bentham，1800—1884）和约瑟夫·道尔顿·虎克（Joseph Dalton Hooker，1817—1911）出版了另一个版本的《植物属志》。

19世纪晚期，查尔斯·达尔文的进化论思想开始影响植物分类。第一个主要植物自然分类系统出现于19世纪末。1887年—1915年，德国植物学家阿道夫·恩格勒（Adolf Engler，1844—1930）与卡尔·勃兰特（Karl Prantl，1849—1893）发表了《植物自然分科志》。

该系统是最完整的自然分类系统之一，且 21 世纪仍在使用。作者识别了约 10 万种植物，并按照推测的进化顺序进行了罗列。

植物分类系统在 20 世纪也有所发展。一些系统开始注重植物群体，尤其是开花植物，而不再是所有植物。查尔斯·贝西（Charles Bessey，1845—1915）是 20 世纪早期第一位提出植物分类系统的美国科学家。支序分类学是目前最新的分类方法之一。它通常指一套概念和方法，用以描述进化分支结构的进化分枝图。

谁最早发现树干横截面的圈数表示树木的年龄？

画家列昂纳多·达·芬奇（Leonardo da Vinci，1452—1519）注意到了这一现象。他还发现，可以通过年轮之间的空隙大小确定当年的潮湿度。年轮相隔越远，树木周围曾经越潮湿。

陆地植物从哪里来？

许多科学家相信，陆地植物由绿藻进化而来。绿藻（尤其是轮藻类）与植物有许多共同的生物化学和新陈代谢特性。两者都含有同样的光合色素——胡萝卜素、叶黄素和叶绿素 a、叶绿素 b。两者细胞壁的主要成分均为纤维素，而且均将过剩的糖分转化为淀粉存储起来。此外，细胞分裂的某些阶段只出现在植物和某些轮藻中，尤其是新细胞壁的形成。例如樱桃属与鞘毛藻属下的物种。

如何用树的年轮确定历史事件的时间？

对树木年轮的研究就是树轮年代学。树木每年都会长出一个轮状环。轮状环一圈稀疏、颜色较浅，一圈较窄、颜色较深。在春天和初夏，树木生长较快，树干细胞增大，因此产生的环稀疏、颜色较淡。而在冬天，生长减缓，细胞也大幅缩小，因此产生的环紧密、颜色较深。而在冬季最寒冷或夏季干旱炎热的时期，树木不产生细胞。科学家们将树龄未知的死亡树木的年轮与活树的年轮

● 列昂纳多·达·芬奇是最早想到用树干横截面上的环数来确定树木年龄的人

进行对比，就可以确定死树的存活时间。年轮气候学是树轮年代学的一个分支。科学家研究古树的年轮来确定曾经的气候条件。干旱、污染、虫害、火灾、火山爆发和地震对树木的影响在年轮上都清晰可见。

植物是如何变成化石的？

植物的化石化取决于生长位置以及沉积物的覆盖速度。古植物学家很少能够找到完整的植物化石遗体，通常只能发现植物的化石化部分。化石化也有许多不同的方式。三种常见的化石化方法为：压型化石、印痕化石和模铸化石。

压型化石通常在水中形成，沉重的沉积物将树叶或植物其他部分处理平整。其重量将植物组织内的水分挤压出来，只剩下一片组织薄层。印痕化石指的是生物遗体完全摧毁后留下的印痕，只保留了植物的轮廓。而当动物或植物组织包裹的沉积物逐渐硬化，组织腐烂后，就形成了模铸化石。组织形成的中空内里就称为模具。随着时间推移，沉积物充满了化石模具，由于通常与模具的轮廓吻合，就会产生铸型化石。

哪起著名的刑事案件与法医植物学有关？

法医植物学是一门鉴定植物和植物产品的学科，可以为法律案件提供证据。

最早涉及法医植物学的几起刑事案件就有 1935 年著名的布鲁诺・豪普特曼（Bruno Hauptmann，1899—1936）审判。布鲁诺・豪普特曼被控绑架、杀害查尔斯（Charles，1902—1974）和安妮・莫罗（Anne Morrow，1906—2001）的儿子——林德伯格，他被判有罪。案中递交的植物学证据主要是绑架案中绑匪使用并留在犯罪现场的自制木梯。经深入调查，植物解剖学家亚瑟・柯尔勒（Arthur Koehler，1885—1967）证明，梯子的某些部分来自豪普特曼家阁楼的地板。

土豆引进欧洲如何导致了爱尔兰大饥荒？

来自于南美本土的马铃薯（最早于 16 世纪中叶引进西班牙，欧洲人认为龙葵、曼陀罗和天仙子属植物，有毒，具有致幻性，因此土豆并未得到广泛认可）。事实上，土豆的地上部分确实有毒，只有块茎可以食用。而早在 1625 年的爱尔兰，土豆就已经是粮食作物了，并在 18 世纪和 19 世纪早期成为人们（尤其是穷人）的主要粮食。19 世纪 40 年代，植物病原菌致病疫霉摧毁了土豆地；然而当时人们普遍依靠土豆作为主要食物来源，这就导致了爱尔兰的大规模饥荒，有超过 100 万爱尔兰人死于饥饿或饥荒引起的疾病，另有 150 万人离开了爱尔兰。

人们曾是如何使用莳萝和茴芹的？

长期以来，莳萝一直用于医药之中。埃及人用莳萝做止疼药。希腊人则用这种草本植物治疗打嗝。中世纪时，据说莳萝能抵抗巫术，也因此身价倍增。魔法师和炼金术士们也使用莳萝调制咒语。有个耳熟能详的女人之间的悄悄话说的是，莳萝配酒可增强性欲。殖民定居者们将莳萝带到了北美。在北美，莳萝又名"心灵之交"。因为教堂的布道往往会花很长的时间，家长就会给孩子们一些莳萝种，让他们嚼着玩。

罗马人将甘草味的草本植物——茴芹从埃及带到欧洲，用茴芹交税。茴芹成为了大受欢迎的调料，被用于蛋糕、曲奇、面包和糖果。

哥伦比亚或巴西是咖啡的故乡吗？

尽管今天中南美洲的山林里种植着上等的咖啡树，但咖啡的故乡却是在埃塞俄比亚。咖啡于 17 世纪传入欧洲。而在此之前，阿拉伯国家就已经普遍饮用咖啡了。美洲的咖啡种植园则始于 18 世纪。

三叶草最多能有多少片叶子？

在美国发现了 14 片叶子的白色三叶草和红色三叶草。

人们用哪种植物制造染料？

在 19 世纪晚期之前，所有的染料都来源于包括植物在内的自然材料。在历史上，人们从木蓝中提取出稀缺的蓝色染料。另一种稀缺的染料颜色是红色。染色茜草是红色染料的极佳来源，曾用于英国著名的"红衣军"军队。美洲土著人用血根草的根部涂抹脸颊、染红衣服。这种花又名红根、印第安红和血根树。血根草生长在阴暗潮湿的森林土壤中，花期在 5 月份，白色的花朵宽 2 英寸（5 厘米）。下表列出了其他常见的来自植物的自然染料：

常用名	学名	植物使用部分	颜色
黑胡桃	Juglans nigra	外壳	深褐色，黑色
金鸡菊属植物	Coreopsis	花	橙色
丁香属植物	Syringa	紫花	绿色
红甘蓝	Brassica oleracea-capitata	外层叶片	蓝色，淡紫色
姜黄	Curcuma longa	根茎	黄色
黄洋葱	Allium cepa	褐色的外层叶片	焦橙色

植物对人类饮食做出的贡献有多大？

在美国和西欧，人体摄取的总热量和蛋白质消耗分别有大约 65% 和 35% 来自植物或植物产品。大豆就是一种蛋白质含量较高的植物。在发展中国家，一个人的饮食中几乎 90% 的热量和 80% 多的蛋白质来源于植物。

香水产业通常会用到哪些植物？

香水是由各种各样的香气混合而来的。虽然很多香水是人工合成出来的，但价格昂贵的定制款香水仍然会使用植物萃取的天然香精油。香水产业中，植物的各个部分都能用来调和独特的香味。用于萃取香精油的常见植物材料有：

植物器官	来源
树皮	印尼和锡兰肉桂及桂皮
花朵	玫瑰、康乃馨、香橙花、依兰花、紫罗兰和薰衣草。
树胶	香脂树和没药树
叶片和茎	迷迭香、天竺葵、香茅、柠檬草和各种薄荷。
根茎	姜
根	檫树
种子和果实	橙子、柠檬和肉豆蔻
木材	雪松、檀香木和松树

为什么西红柿又叫"爱情果"，而且有"春药"的说法呢？

西红柿属茄科植物，在秘鲁培育生长，后由西班牙探险者引进欧洲。意大利的西红柿是从摩洛哥引进的，所以它的意大利名字就叫〝摩尔人的苹果〞（pomi de Mori）。法国人称西红柿为〝爱情果〞（pommes d'amore）。之所以又叫〝爱情果〞，或许是因为西红柿具有催情作用，也有可能是意大利名字的一种变体形式。西红柿首次引进欧洲时，许多人对其持怀疑态度，因为大家知道茄科植物有毒。虽然西红柿既无毒也不是春药，仍然经历了几百年的时间才完全洗清冤屈。

植物的哪些部分可用来做香料？

香料指从植物不同部分提取的芳香作料，这些可提取部分包括：树皮、花蕾、果实、根部、种子和茎。一些常见的香料及来源有：

调料	学名	使用部分
多香果	*Pimenta dioica*	果实
黑胡椒	*Piper nigrum*	果实
辣椒类	*Capsicum annum，Capsicum baccatum，Capsicum chinense，Capsicum frutescens*	果实
桂皮	*Cinnamomum cassia*	树皮
肉桂	*Cinnamomum zeylanicum*	内树皮
丁香	*Eugenia caryophyllata*	花
姜	*Zingiber officinale*	根茎
肉豆蔻	*Myristica fragrans*	种子
藏红花	*Crocus sativus*	柱头
姜黄	*Curcuma longa*	根茎
梵尼兰（香草）	*Vanilla planifolia*	果实

寻找肉桂之旅是怎样使人们发现了美洲大陆的？

15世纪，人们认为亚洲盛产香料，于是众多探险家纷至沓来，开辟直达亚洲的航道。克里斯托弗·哥伦布（Christopher Columbus，1451—1506）就是其中之一。在哥伦布所处的时代，肉桂等香料极为珍贵，而开辟直达亚洲的航道绝对会为探险家和整个国家带来数不胜数的财富。

世界上最昂贵的香料是什么？

藏红花是世界上最昂贵的香料。古埃及、亚述、腓尼基、波斯、克里特、古希腊和古罗马文明都将它视为珍宝。"藏红花"（saffron）一词源于阿拉伯语中的"za'faran"，意为"黄色"。

藏红花是从原产于东地中海国家及小亚细亚的番红花娇嫩的柱头上收集而来的。西班牙是世界上主要的藏红花生产国。藏红花通过球茎繁殖，花期约为两周。花期过后，花朵要趁全开、尚未凋萎之际采摘。而一旦采摘，就要在花瓣枯萎前将分为三部分的柱头从中取出；这一过程很是耗费时间，因为柱头太过娇嫩，只能手工完成。柱头烘干后就可以出售，可以是整根（完整柱头）出售，也可碾成粉末。

要收获 1 磅（0.45 千克）的藏红花，就必须采摘 7.5 万～10 万朵花。大约 4000 个柱头才能产出 1 盎司（28 克）成品。据报道，2010 年低品质藏红花的批发价为 500 美元 / 磅（1100 美元 / 千克）。在西方国家，它的平均零售价为 1000 美元 / 磅（2200 美元 / 千克），是名副其实的世界最贵香料。

烹饪中常见的草本植物有哪些？

草本植物经常用来提高食物的美味程度。它们通常为草本植物的叶片。

常用名	学名	使用部分
罗勒叶	Ocimum basilicum	叶片
月桂叶	Laurus nobilis	叶片
孜然	Cuminum cyminum	果实
莳萝	Anethum graveolens	果实、叶片
大蒜	Allium sativum	鳞茎

常用名	学名	使用部分
芥末	Brassica alba, Brassica nigra	种子
洋葱	Allium cepa	鳞茎
牛至	Origanum vulgare	叶片
欧芹	Petroselinum crispum	叶片
辣薄荷	Mentha piperita	叶片
鼠尾草	Salvia officinalis	叶片
龙嵩	Artemesia dracunculus	叶片
百里香	Thymus vulgaris	叶片

最毒的植物毒药是什么？

北美洲的毒参可能是最危险的植物。生长于南美洲的拉娜树也极为危险。美洲土著人将拉娜树的树液抹在弓箭和长矛上，制造毒箭。人或动物一旦中毒，几分钟内就会丧命。

芳香疗法中使用的精油是什么植物产生的？

芳香疗法是一种使用植物萃取精油的整体康复疗法。整体医学着眼于人体的整体健康，其治疗讲究心灵、肉体与精神的沟通。"芳香疗法"这一术语最早由法国香水化学家雷内·盖特弗塞（Rene Gattefosse，1881—1950）提出。在一次实验室事故中，他不慎烧伤手部，却意外发现薰衣草精油具有治疗作用。盖特弗塞就开始研究薰衣草精油和其他精油的特性，并出版了关于植物萃取物的著作。在芳香疗法中，精油通过呼吸和皮肤毛孔由人体吸收，从而引起某些生理反应。

PLANT WORLD

常见精油及其用途包括：

精油	日常用途
柏木精油	防腐剂，治疗哮喘、咳嗽，安神
桉树精油	具有消炎作用，治疗关节炎，安神
乳香精油	治疗咳嗽和支气管炎
天竺葵精油	治疗皮炎、抑郁症，安神
姜精油	治疗支气管炎和关节炎，提神
杜松精油	防腐剂，缓解疼痛，安神
薰衣草精油	防腐剂，治疗呼吸道感染，安神
马郁兰精油	治疗呼吸道感染，安神
松树精油	治疗哮喘、关节炎和抑郁症
洋甘菊精油	治疗牙痛、关节炎和缓解紧张
保加利亚玫瑰精油	防腐剂、治疗失眠，安神
迷迭香精油	治疗支气管炎、抑郁症，提高精神灵敏度
檀香精油	治疗粉刺、支气管炎和抑郁症
茶树精油	治疗呼吸道感染、粉刺和抑郁症

为什么有些植物对经济极为重要？

来自植物的原材料出现在各行各业，例如造纸、食品、纺织和建筑。巧克力是由可可种子制成的，确切地说是可可树的种子制成的。毛地黄含有治疗充血性心力衰竭的强心苷。黑胡椒的浆果可用来制造黑胡椒。浆果干燥后，压碎或研磨黑色的胡椒子即可获得黑胡椒。野茶树的叶子可以用来制造茶叶。从亚麻树茎部提取的纤维可以用来制造亚麻布，而它的种子也经常用来制作亚麻籽油。甚至连纸币也是亚麻纤维制成的。

将植物育种发展成为
一门现代科学的人是谁？

卢瑟·伯班克（Luther Burbank，1849—1926）将植物育种发展成了一门现代科学。他的育种技术包括对北美本土的植物品种与外来植物品种进行杂交。他把幼苗嫁接到充分发育的植物上，来评估杂交特征。敏锐的观察力使他得以识别植物的理想性状，从而只选择有用的品种。伯班克土豆是他最早的杂交培植成就之一。从此，他研发出了800多种各类植物的新品种，包括113种李子和梅子。今天，这些梅李中的20多种仍然具有重要的商业价值。

乔治·华盛顿·卡佛博士有哪些成就？

乔治·华盛顿·卡佛博士（George Washington Carver，1864—1943）在植物疾病、土壤分析和作物管理方面做出了贡献，许多美国南方农民采用他的方法，作物增产、利润增加。卡佛博士发明了豇豆、红薯和花生菜谱，最终用红薯制成了118种产品，用花生制成了325种，用胡桃制成了75种。他促进了土壤多样化，推广花生、大豆和其他可增肥土壤作物的种植。他的其他成就包括利用大豆制作塑料材料（后来，亨利·福特将其用于汽车零件）。他还从亚拉巴马红黏土中提取染料和油漆，并研究杂交棉花。卡佛多才多艺，几乎成了传说中的美国民间英雄。

🌱 乔治·华盛顿·卡佛

植物世界

PLANT WORLD

第一个温室大棚是什么时候建造的？

1599 年，法国植物学家儒勒·查尔斯（Jules Charles）在荷兰莱顿建造了第一个温室大棚，用来种植药用热带植物。其中最受欢迎的植物是一棵名为"罗望子"的印度枣树，它的果实可用来制成药饮。

第一份植物专利是何时颁发的？

1931 年 8 月 18 日，花园美化师亨利·F.布森博格（Henry F.Bosenberg）因培育出攀缘蔷薇获得了美国的第一份植物专利。

植物多样性

植物分为哪四大类？

植物的四大类有：非维管植物；无种子维管植物；开花结籽维管植物和无花结籽维管植物。植物按是否有导管（细胞构成的维管组织连接称为导管，可运输水和养分）分为各门。维管植物门进一步分为无籽植物和有籽植物。有籽植物分为开花类和无花类。非维管植物传统上称为苔藓植物，由于没有传输水分和养料的系统，因此苔藓植物的体积有限，生活在靠近地面的潮湿地带。藓类、苔类和角苔都属于苔藓植物。蕨类、楔叶类和石松类则属于无种子维管植物。结球果的松柏类属于有籽无花维管植物。大多数的植物都属于开花结籽维管植物，也就是被子植物。

苔类的哪些特点与其名字相符？

苔类是中世纪的药剂师按照形象学说（一种理论方法）命名的。形象学说的核心思想是如果植物与人体存在相似的部分，那么植物的相似部分就应该对于治疗人体相应部位的疾病有功效。叶状体苔类植物的叶状体与分裂的肝脏相似。因此，按照形象理论来说，这种植物可以用来治疗肝脏疾病。"肝脏"（liver）一词与"草药"（wort）合在一起，就组成了"苔类"（liverwort）一词。

什么是苔藓植物？ 它出现在哪些地方？

藓类、苔类和角苔统称为苔藓植物，它们通常出现在潮湿的环境中。然而，有些苔藓物种几乎在各种环境下都可生存，从炎热干燥的沙漠到南极最寒冷的地区。浓密成块生长的苔藓植物最引人注目，它们通常小而紧凑，高度很少会超过 8 英寸（20 厘米）。苔藓植物的各部分呈叶状、根状、茎状，没有维管组织（木质部和韧皮部）。

为什么苔藓这么重要？

作为分解者，有些苔藓植物可分解下层土并释放养分供更复杂的植物使用。苔藓在控制水土流失方面发挥着重要的作用，它可以提供地被覆盖、吸收水分。同时，它还是空气污染的指示器。在空气质量恶劣的情况下，苔藓几乎无法生存。泥煤苔可做燃料，给家庭供暖、发电。在火灾或火山喷发后，苔藓植物是最早占据受损地区的生物体之一。

光藓有哪些不寻常之处？

光藓是一种顶端带有亚球形反射细胞的小型植物。这种细胞会发出金黄色或绿色的怪异光芒。在日本，许多书籍、电视节目、报纸和杂志文章中都提到过这种植物，甚至戏剧中也有！日本北海道附近还有一座专门纪念这种植物的国家纪念碑，它们长在附近的一个小洞穴中。

苔藓植物如何用作生物指示？

生物指示指环境变化导致的生物体在生理、化学或行为上的变化。灰藓属苔藓，对于污染物（尤其是二氧化硫）特别敏感。因此，大多数苔藓在城市和工业区中是找不到的。1986年切尔诺贝利反应堆事故后，作为生物指示物，藓类和苔类（尤其是柏状灰藓）均被用来检测放射性沉降物。

泥煤苔有哪些作用？

泥煤苔（泥灰藓属）主要生长在沼泽中，它增强土壤持水能力的特性深受园丁喜爱。这种植物的叶状部分有较大的死细胞，吸水能力是棉花的5倍。花匠将这种植物用作吸水垫来保持植物和鲜花的潮湿。泥灰藓植物也具有医疗价值，某些土著居民会用它消毒，用它做尿布（良好的吸收能力）。泥煤苔属酸性，是伤口的理想敷料。在第一次世界大战中，英国人使用了100多万份泥煤苔制成的伤口敷料。北美土著居民用提灯藓属和真藓属的苔藓植物来治疗烧伤。而在欧洲，卷毛藓属植物则用于屋顶防水。

无种子维管植物分为哪四类？

无种子维管植物包括：真蕨类（最大的一组）、裸蕨类、石松类和楔叶类。

在早期摄影中，无种子维管植物起到什么作用？

在闪光灯发明之前，摄影师使用的闪光粉成分几乎完全为石松属植物的干燥孢子。

远古植物与煤炭的形成有什么关系？

由远古植物体形成的煤炭属于有机物质。今天开采的大多数煤炭是史前原始陆地植物的遗体形成的，尤其是约 3 亿年前的石炭纪植物遗体。形成煤炭的主要有五类植物。前三类均属无种子维管植物：蕨类、石松类和楔叶类植物。后两类为原始裸子植物和已经灭绝的种子蕨。这些植物的丛林分布在低洼的沼泽地，会遭受周期性的洪水淹没。植物死后，残骸位于水中，无法完全分解。一段时间后，腐烂的植物体就会累积、固化。

每次洪水周期都会在植物体上形成一层沉积物。沉积层中积累的热量与压力将植物体变为煤炭。沉积层经受的温度和压力不同，就会形成不同类型的煤炭（褐煤、烟煤和无烟煤）。

什么是蕨菜？如何用来烹饪？

典型盆栽蕨类植物属于二倍体或孢子体。由根茎组成，其中地下茎水平生长，长出的根和叶称为叶状体。每片幼嫩的新叶破土而出时，都会紧紧缠绕，就像小提琴的顶部，因此有"提琴头状船首"的名称。蕨菜耐咀嚼，集芦笋、四季豆和秋葵的味道于一体。在烹饪中，蕨菜可以蒸、煮或者嫩煎处理，通常用作附加配菜。嫩芽还能做沙拉。

为什么木贼草又名"锉草（scouring rushes）"？

木贼草的表皮组织中含有磨料硅颗粒。美洲土著人用木贼草打磨他们的弓箭。早期的北美定居者在河边清洗炊具时，也用当地盛产的木贼草擦洗。

什么是裸子植物？哪些植物属于裸子植物？

裸子植物（Gymnosperms，源自希腊语"gymnos"，意为"裸露的"，sperma，意为"种子"）的种子完全暴露在外或呈锥形。裸子植物分为四个门：松柏门，包括松树、云杉、铁杉和冷杉在内的针叶树；银杏门，由单个物种银杏树（白果树）组成；苏铁门，苏铁或观赏植物；买麻藤门，一些不常见的藤蔓和树木。

什么植物的球果最大？

苏铁的球果最大。苏铁种子长度可达1码（0.91米），重达3.3磅（1.5千克）。

● 苏铁的球果最大，有时重量可超过 3 磅（1.36 千克）

松树的针叶永远不会落吗？

在松树中，2 ~ 5 根松针以束为单位聚集在一起。有些松树每束仅 1 根松针，而有些松树则多达 8 根。尽管针数不同，每束都会形成底部由鳞状小叶包裹的短枝圆柱体。鳞状叶在生长 1 年后会掉落，但有时候有些松针束也会掉落，通常每隔 2 ~ 10 年不等。因此，松树在看起来常青的同时，每隔 2 ~ 4 年就会完全换一遍针叶。

裸子植物在哪些方面对于经济很重要？

世界木材产量的约 75% 以及大量的造纸用纸浆均来自于裸子植物。在北美洲，白云杉是报纸和其他用纸纸浆的主要来源。由于能够产生理想的共振，其他云杉木被用来制造小提琴和类似的弦乐器。在北美洲的树木中，黄杉属花旗松出产的木材最多，也是世界上最理想的木材之一。花旗松木材坚硬，相对来说没什么树结。它可用于房屋框架、生产胶合板、建筑房梁，还可用作纸浆、铁路枕木、箱子和板条箱。由于大多数自然生长的花旗松已砍伐殆尽，现在的经营性森林中也种植了花旗松。红杉木材可用于家具、栅栏、柱子、某些建筑，并具有多种园艺用途。

除木材和造纸行业外，裸子植物对于制造树脂和松脂也很重要。树脂是针叶树脂道中的黏稠物质，由松脂溶剂和蜡状物松香组成。松脂是极佳的油漆和装饰溶剂，也可用来制作除臭剂、剃须泡、药物以及柠檬烯（柠檬味调味品，用于食品产业）。树脂有许多用途：棒球投手和击球手分别用树脂来增强对球体和球棒的握力。小提琴手将树脂涂在琴弓上，增加与琴弦的摩擦；舞蹈家将树脂涂在鞋上，增强在舞台上的稳定性。

种子植物成功繁衍的因素有哪些？

种子植物在繁殖中，精子无须借助液体游向卵子。凭借花粉和种子，种子植物几乎遍布了整个陆地。风或动物传粉者（如昆虫）会将含有精子的花粉粒运送给卵子。种子是受种皮保护的受精卵，在适当的条件下，就可以发芽生长。

被子植物分为哪两大类？两者有什么区别？

被子植物包含的植物种类最多（24 万种），可分为两大类：单子叶植物和双子叶植物。两者的分别在于植物胚芽中出现的第一片叶子。单子叶植物仅有一片子叶，而双子叶植物的子叶则有两片。单子叶植物和双子叶植物的数量分别约为 6.5 万种和 17.5 万种。兰花、竹子、棕榈、百合、谷物和很多草都属于单子叶植物。双子叶植物则包括大多数非松柏类树木、灌木、观赏植物和很多食用作物。

哪些被子植物具有经济价值？

被子植物可用来生产木材、观赏植物和各种食物。

一些具有经济价值的被子植物包括：

常见植物	分类	经济价值
葫芦	葫芦科	食物（西瓜和南瓜）
草	禾本科	食物、饲料、观赏
百合	百合科	观赏和食物（洋葱百合）
枫树	槭树科	木材和枫糖
芥菜	十字花科	食物（卷心菜和西兰花）
橄榄	木犀科	木材、油和食物
棕榈树	棕榈科	食物（椰子）、纤维、油、蜡、家具
玫瑰	蔷薇科	水果（苹果和樱桃）、观赏（玫瑰）
大戟	大戟科	橡胶、药用（蓖麻油）、食物（木薯）、观赏（一品红）。

世界上种植最广泛的谷物是什么？

小麦是世界上种植最广泛的谷物。它供应了世界人口需要的绝大部分营养。小麦是最古老的植物之一，奠定了西方文明的基础。培育小麦源自至少 9000 年前的近东地区，它最适宜生长在年降雨量 12 ～ 36 英寸（30 ～ 90 厘米）、温度凉爽的温带草原区。世界上小麦产量最高的国家包括：阿根廷、加拿大、中国、印度、乌克兰和美国。

被子植物中哪一科最重要？

虽然人们经常把被子植物称作开花植物，但它也包括禾本科植物。禾本科要比其他开花植物更重要。庄稼耕种后产出的可食用种子就是谷类，它是大多数文明的主食基础。小麦、水稻和玉米是种植最广泛的粮食作物。其他重要的谷物还包括大麦、高粱、燕麦、小米和黑麦。

什么是杂草？

字典中杂草的定义为：任何不受欢迎、令人讨厌或给人带来麻烦的植物，尤指不希望生长在耕地中的植物。一些著名作家对于杂草有自己的定义。拉尔夫·瓦尔多·爱默生（Ralph Waldo Emerson，1803—1882）写道："什么是杂草？杂草就是优点有待发现的植物！"1848 年，詹姆斯·罗素·洛威尔（James Russell Lowell，1819—1891）写道，"杂草无非是一朵伪装的鲜花"。威斯康星州诗人埃拉·惠勒·威尔考克斯（Ella Wheeler Wilcox，1850—1919）在《野草》一诗中写道，"野草只是一朵无人爱的鲜花"（更出名的一句诗为"欢笑，整个世界伴你欢笑；哭泣，只有你独自向隅而泣"）。最后，莎士比亚（Shakespeare，1564—1616）在《查理三世》中写道，"伟大的杂草长得快"。

硬木与软木有什么不同？

"硬木"与"软木"是商业中用来区分木材的术语。硬木指双子叶植物的木材，与木材的坚硬或柔软程度无关；软木指针叶树的木材。许多硬木来自热带地区。而软木几乎全部来自北半球的温带森林。

植物结构与功能

维管植物有哪些主要部分？

维管植物由根、茎、叶组成。根系位于地下，并向土壤内扩张渗透。茎系则包括茎和叶。

根系指植物土壤以下的部分，它由根构成，根吸收水分和植物营养所必需的离子。根系将植物稳定在土地中。茎系则指植物土壤以上的部分，由茎和叶组成。茎为叶的安置提供框架，叶则用来进行光合作用。

根系尺寸与茎系尺寸是否有一定关系？

植物的生长过程中，根系尺寸（可吸收水分和矿物质的表面积）与茎系尺寸（光合作用表面积）维持着一种平衡关系。在幼苗中，所有吸收水分和矿物质的表面积通常远远超过其光合作用表面积。随着植物的成长，根部与茎部比例会逐渐缩小。此外，如果根系受到损伤，吸收水分和矿物质的表面积减少，茎部也会由于缺乏水分和矿物质，以及根部产生的激素而放缓生长。同样地，茎系尺寸变小就会导致可用糖类减少，以及茎部产生的作用于根部的激素减少，根部生长从而受到限制。

植物有哪些专有细胞？

所有的植物细胞都有几个共同结构，例如叶绿体、细胞壁和一个大液泡。此外，维管植物中也存在很多独有的细胞，包括：

薄壁细胞（Parenchyma cells，源自希腊语，"para"意为"旁边"，

PLANT WORLD

en+chein 意为涌入）是叶、茎部与根部最常见的细胞。薄壁细胞通常呈球形，只有一层初生壁。

薄壁细胞在食品存储、光合作用和有氧呼吸中发挥着重要作用。它们属于成熟期活细胞。在玉米、土豆等植物中，大多数营养素存储在塞满淀粉的薄壁细胞内。这些细胞构成了树叶的光合作用组织、水果果肉以及根和种子的存储组织。

厚角细胞（Collenchyma cells，源于希腊语"kola"，意为"胶"）具有加厚的初生壁，没有次生壁。这种细胞在茎和叶柄的表面下排列成线形或连续圆柱体。厚角细胞最常见的功能是支撑植物还在生长的部分（例如茎）。与薄壁细胞相似，厚角细胞成熟后依然为活细胞。

厚壁细胞（Sclerenchyma cells，源于希腊语"skleros"，意为"坚硬"）具有浓厚、坚硬的次生壁。这些次生壁被木质素硬化后，成为木材的主要化学成分。它可以使细胞壁更加坚硬。厚壁细胞为植物提供坚实的支撑作用。它分为两种：纤维细胞和石细胞。前者长而细，通常呈线形或束形排列。后者会单个或成群出现，且形状不规则。它们的次生壁厚而坚硬。大多数厚壁细胞一旦成熟就会死亡。

木质部（Xylem，源于希腊语"xylos"，意为"木材"）是植物主要的水传导组织，由死亡的中空小管细胞首尾相连组成。木质部通过运输水分补充植物通过气孔蒸发而损失的水分。它分为两种水传导细胞：管胞和导管分子。水分经管胞次生壁的凹点，从植物的根部穿过茎部向上流动。导管分子的侧壁具有孔眼，允许水分在细胞间流动。

韧皮部（phloem，源于希腊语"phloios"，意为"树皮"）是植物体食物传输组织中的两种细胞：筛细胞和筛管分子。筛细胞存在于无种子维管植物与裸子植物中，筛管分子则存在于被子植物中。两种细胞均较细较长、呈管状。细胞首尾相连，连接处含有一簇簇的气孔。糖分（尤其是蔗糖）、其他化合物和一些矿物质离子在相邻的食物传导细胞间移动。筛管分子具有较薄的初生壁，没有次生壁，成熟后依然存活。

表皮中含有多种特化细胞，其中包括保卫细胞、毛状体和根毛等。表皮细胞呈扁平状，有一层较厚的外皮，还覆有一层厚厚的角质层。表皮覆盖着初生植物体的所有部分。

种子发芽的必要条件有哪些?

种子一旦封在种皮内，就会停止生长、进入休眠，直到出现适宜于发芽与生长的最佳条件（温度、氧气和湿度）。除了这些外部条件外，一些种子在发芽前还会经历一系列的酶化和生化变化。

什么是种子?

种子是一个成熟的已受精的胚珠，由胚芽和营养丰富的胚乳组织构成。胚芽中含有微型的根和茎。

植物的茎有哪些作用?

茎有4个主要作用，分别为：1）支撑叶片；2）产生糖类；3）存储物质，如水和淀粉；4）在根和叶之间运输水分和溶质。茎将叶与土壤中的水分、溶解了的营养素连接在一起。

叶分为哪几部分？有哪些主要功能？

叶是茎尖的延伸，其形状、大小与排列各不相同。大多数叶都具有叶片、叶柄、托叶和叶脉。叶片指叶的扁平部分。叶柄则指叶下细长的杆。只有部分种类的叶具有托叶。托叶位于叶柄底部，并与茎相连，可能呈叶片状，大小存在许多差异。叶脉、木质部和韧皮部贯穿叶的整个部分。叶是植物的主要光合作用器官。然而，它们对于植物整体的气体交换和水分运输也很重要。

为什么树叶在秋天会变色？

类胡萝卜素（光合作用细胞中的色素）是造成树叶在秋天变色的主要原因。在植物生长发育的季节中，类胡萝卜素位于树叶之中，只是颜色被绿色的叶绿素遮住了。到夏末时节日照减少、温度降低，叶绿素的生产停止，类葫芦卜素的其他颜色（如黄、橙、红或紫）才逐渐显现出来。以下为一些常见树木的秋季叶片颜色：

树木	颜色
糖枫、漆树	火眼红和橙色
红枫、山茱萸、黄樟、猩红栎	深红色
白杨、桦树、郁金香树、柳树	黄色
桉树	洋李紫
橡树、山毛榉、落叶松、榆树、山核桃、美国梧桐	黄褐色或棕色
洋槐	落叶前保持常绿
黑核桃、白胡桃	变色前即落叶

一棵成年树木有多少树叶？

树叶是一棵树的最明显部分。树干 3 英尺（1 米）粗的枫树（枫属）大约有 10 万片树叶。橡树（栎属）大约有 70 万片树叶。一棵成年美国榆树每季可长出 500 多万片树叶。

什么植物的叶最大？

龟背竹的叶呈深绿色，表面光滑富有光泽。成熟时，其长度可达 2 ~ 3 英尺（0.6 ~ 0.9 米）。

● 热带龟背竹的叶片最大，每片长度可达 3 英尺（0.9 米）

水分如何沿树木向上移动？

借由蒸腾作用，水分通过木质组织向树木上部移动。树叶不停地蒸发水分，导致水分源源不断地从根部流向茎部。树木所需水分的绝大部分来自于根部的吸收。内聚力和附着力使水能够不管高度，沿树木向上移动，前者使单个水分子联结为一股连续的水流，后者则使水分子附着在木质部细胞壁的纤维素分子上。水分到达树叶后即蒸发掉，补给的水分子由此得以沿树木向上传输。

为什么植物的叶会对经济至关重要？

叶可用于制作食品和饮料、染料以及纤维，并可用于医药和其他工业用途。某些植物的种植价值就在于它的叶片，例如卷心菜、莴苣、菠菜与许多草本植物（欧芹和百里香）。熊果的叶片含有一种天然黄色染料，指甲花的叶片含有一种天然红色染料。在热带地区，棕榈树的叶片可用来制作衣服、扫帚和茅草房。众所周知，芦荟叶可以用来治疗烧伤，还能用来生产药用香皂和乳膏。

根系有哪些功能？

根部的主要功能有：1）使植物稳定在土壤中；2）储存能量资源，如胡萝卜和甜菜；3）从土壤中吸收水分和矿物质；4）往返茎部运输水分和矿物质。根部存储了植物的食物（能量资源），这些食物或被根部使用，或被消化吸收。消化后的产物经韧皮组织传输到植物土壤以上的部分。有些植物的根部收获以后可作人类的食物。植物激素在根部的分生组织中合成，经木质部向上传输到地上部分，从而促进植物的生长发育。

根系能够深入地下多深？

根系的深度取决于土壤的湿度、温度、构成成分以及具体的植物种类。大多数主动吸收水分、矿物质的根——又称"饲养根"，位于土壤以下3英尺（1米）内。许多树木的饲养根主要位于土壤以下6英寸（15厘米）内，即土壤中有机物质最丰富的部分。

哪种植物的根系最深？

在亚利桑那州的图森附近，人们发现，荒漠灌木——牧豆树的根深度接近175英尺（53.5米）。

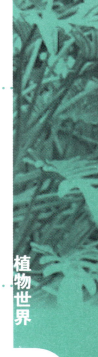

植物的根有哪些经济价值？

胡萝卜、糖萝卜、红萝卜、水萝卜、山葵、甜菜和红薯都属于植物的主根，数百年来一直都是人类的食物。调味料中的甘草汁、黄樟和洋菝葜（制造沙士的调味品）均来源于植物的根。药物中的乌头、龙胆、吐根、人参、利血平（一种镇静剂）以及藜芦碱（一种心脏迟缓药）也都是从植物的根部提取而来的。

有效的授粉方式有哪些？

有效花粉传播到载有胚珠的柱头或胚珠上时，就完成了一次有效授粉。没有授粉，植物就无法受精。由于植物无法移动，通常需要借助外媒来把植物花粉传播到受精场所。这种情况就是异花授粉，即媒介将一株植物的花粉输送到另一株植物的柱头上的行为。有些植物可以自花授粉——将自己的花粉传播到自己的柱头上。但两者相比，异花授粉似乎更具优势，因为它可能引进新的遗传物质。

异花授粉的媒介包括昆虫、风、鸟类、哺乳动物和水。很多时候，为了吸引这些媒介，花朵提供不止一种"奖励"：含糖花蜜、油、固体食物、香味、栖息之处，有时甚至是花粉本身。还有的时候，植物会"诱骗"媒介传播花粉。植物通常用色彩和芳香作为诱饵来诱惑媒介。例如，一些兰花使用气味和颜色成功地模仿某种雌蜂或黄蜂，相应的雄蜂就会试图与它们交配。通过这一过程（拟交配），兰花达到了授粉目的。尽管有些植物会迎合各种媒介，也有其他植物对于媒介的选择非常苛刻，只通过某种昆虫进行授粉。这种传粉媒介专一性的目的在于维持植物物种的纯度。

植物的结构可适应媒介的类型。例如，通过风力传播花粉的草和针叶树结构较为简单，而且没有花瓣。随意暴露的柱头呈分枝状，易于捕捉空气中传播的花粉。长长的花丝上摇晃的花药（产生花粉的部分）

可以使轻飘飘的圆形花粉轻易地被风吹走。这些植物主要出现在如草原和高山等昆虫稀少的地区。相反，半封闭、非对称且寿命较长的鲜花（鸢尾花、玫瑰和金鱼草等）都具有"登陆平台"，花蜜也用来招待蜜蜂等昆虫媒介。昆虫身上极易吸附大量的黏稠花粉，而后这些花粉就会播撒到其他的鲜花上。

什么是向性运动？

向性运动指植物对刺激做出的反应动作。它包括：

向化性——植物对化学物质的反应，叶片可能会向内发生卷曲。
向地性——曾称为屈地性，植物对重力的反应。植物相对于重力运动，呈负向地性（向上生长），而根部呈正向地性（向下生长）。
向水性——植物对水分或潮湿的反应，即根部向水源处生长。
避日性——植物叶片避免阳光暴晒的反应。
向光性——植物对光线的反应，即植物可能是正向光性（向光源移动）或负向光性（远离光源）。茎的顶端通常呈正向光性，而根部通常对光并不敏感。
向温性——植物对温度的反应。
向触性——植物的攀爬器官对触摸的反应。例如，植物的嫩须可能会像弹簧一般盘绕支撑物。

人们是什么时候发现蜜蜂在授粉中的作用的？

1761 年，约瑟夫·格特利·克尔路德（Joseph Gottlieb Kölreuter，1733—1806）首先发现了蜜蜂在授粉中的作用。他也最早意识到植物授粉需要昆虫帮忙运输花粉才能完成。

植物激素分为哪几大类？

植物激素分为五大类：生长素、赤霉素、细胞分裂素、乙烯和脱落酸。

激素	主要作用	植物体内发现的位置
生长素	使幼苗、茎尖、胚胎和叶中的细胞增长	顶芽分生组织
赤霉素	促进种子、根、茎和嫩叶中的细胞增长、分化	根和茎的顶尖部分
细胞分裂素	促进种子、根、嫩叶和果实中细胞的分裂、分化	根部
乙烯	加速水果成熟	叶片、茎和未成熟的果实
脱落酸	抑制生长，关闭气孔	成熟的叶片、果实和根冠

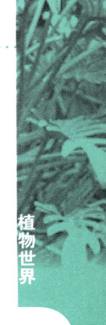

主要的几种植物激素分别是何时由谁发现的？

生长素——查尔斯·达尔文和他的儿子弗朗西斯（Francis，1845—1925）对调节生长的物质进行了最早的实验。1881年，父子二人发表了研究成果——《植物运动的力量》。1926年，弗里茨·W.温特（Frits W. Went，1903—1990）从燕麦幼苗顶芽分离出促进细胞增长的化学物质，并命名为生长素（auxin，源于希腊语auxein，意为"增长"）。

赤霉素——1926年，日本科学家黑泽英一（Eiichi Kurosawa）发现了一种真菌产生的物质——"藤仓赤霉"。它能够导致水稻幼苗的恶苗病。患病植株疯长，却显示出病态，稻秧随即倒伏在稻田中。1938年，日本化学家薮田贞治郎（Teijiro Yabuta，1888—1977）和住木谕介（Yusuke Sumiki，1901—1974）分离出这种化合物，并命名为赤霉素。

细胞分裂素——1941年，约翰内斯·凡·奥弗贝克（Johannes van Overbeek）在椰汁中发现了一种有效生长因子。20世纪50年代，福尔克·斯库格（Folke Skoog，1908—2001）提纯出了千倍纯度的生长因子，却无法分离出来。最终，卡洛斯·O·米勒（Carlos O.Miller，1923—）、斯库格和两人的同事一起成功分离出了成长因子，并将其命名为"激动素"。由于与细胞分裂或胞质分裂有关，科学家们将激动素及其所属的生长调节剂命名为细胞分裂素。

乙烯——人们对乙烯影响植物的认识甚至要早于1926年发现生长素。在古代，古埃及人用乙烯气体催熟水果。在19世纪，街道上挂着以乙烯为燃料的灯，道旁的林荫树会因为泄漏的照明气体而掉落树叶。1901年，迪米特里·奈留波夫（Dimitry Neljubov）证明了照明气体的有效成分就是乙烯。

脱落酸——菲利普·F·韦尔林（Philip F.Wareing，1914—1996）在桉树和土豆的休眠芽内发现了大量生长抑制剂，他将其称为"休眠素"。几年后的20世纪60年代，弗里德里克·T·阿迪柯特（Frederick T.Addicott，1912—2009）报告称，在树叶和果实中发现了一种促进脱落的物质，并称之为"脱落素"。不久，人们发现休眠素和脱落素为同一种化学物质。

植物激素有哪些商业用途？

植物激素的应用很广泛，可以从某些方面控制植物的生长。生长素可用来制造商业除草剂，还可以促进植物根部的生成。生长素又名"生根激素"，可用来处理种植前的插穗。有些激素还用来增加水果产量，防止丰收前的落果现象。人们会在汤姆逊无核葡萄的花期阶段喷射赤霉素，使每簇花朵更为稀疏、剩余的花朵更加舒展，结出更大的果实。赤霉素也用来促进葡萄、柑橘、苹果、桃子和樱桃幼苗的早期发芽。如果用在黄瓜上，赤霉素可以促进雄花的形成，有助于杂交种子的产生。

短日照植物和长日照植物有哪些区别？

光周期或 24 小时内的光暗变化会影响短日照植物和长日照植物的生长。当白天比临界日照长度短时，短日照植物形成花芽。而当白天比临界日照长度长时，长日照植物会形成花芽。短日照植物盛开在中纬度地区的夏末和秋季。常见短日照植物有：菊花、秋麒麟、一品红、大豆和豚草。长日照植物的花季在春天和初夏。常见长日照植物有：三叶草、鸢尾花和蜀葵。花匠和植物商人可以通过调整植物接受光照的量来实现反季节开花。

谁证明了植物细胞的全能性？

1958 年，康奈尔大学的植物学家弗雷德里克·坎皮恩·斯图尔德（Frederick Campion Steward，1904—1993）使用一小块韧皮部成功地再生出完整的胡萝卜植株。他将小片胡萝卜组织放在营养液体培养基中加以培养。细胞从碎片脱离并反分化（恢复为未特化细胞）。然而，这些未特化细胞随着生长逐渐分化，重新分化为特化细胞。最终，一棵崭新的植株经过细胞分裂和再分化产生了。这表明，培养基中的每个未特化细胞都具有成为植物其他类型细胞的遗传学潜能。

为什么斯图尔德会成功？

除了和之前的研究者一样用糖分、矿物质和维生素给养培养细胞外，斯图尔德还添加了一种新成分：椰汁。椰汁中除了以上物质之外，还含有一种诱导细胞分裂的物质。后来的研究确认这种物质为细胞分裂素——一组促进细胞分裂的植物激素（生长调节剂）。培养的细胞一旦开始分裂，人们就会将它移植到琼脂培养基，在其中形成根和芽，长成植株。

PLANT WORLD

花朵与罕见植物

花朵有哪几部分？

花萼——位于花蕾的外部或者开放花朵的底面。它的作用是避免花蕾干燥。有些花萼可以用它们的棘刺或化学物质防御捕食者。
花瓣——可吸引传粉媒介，通常授粉完成后不久即凋零。
花蜜——含有不等量的糖分和蛋白质，任何花器官都可以分泌。花蜜通常汇集在花朵底部。
雄蕊——花朵的雄性器官，由花丝和产生花粉的花药组成。
雌蕊——花朵的雌性器官，由柱头、花柱和含有胚珠的子房构成。胚珠受精后发育为种子。

"不完全花"是什么意思？

"不完全花"指单性花，花朵只具有雄蕊（雄性器官）或雌蕊（雌性器官）。

各国的国花都是什么？

国家	国花
阿根廷	木棉花
澳大利亚	金合欢
比利时	罂粟花
玻利维亚	坎涂花
巴西	卡特兰

国家	国花
加拿大	糖槭
智利	智利风铃草
哥斯达黎加	卡特兰
丹麦	冬青
厄瓜多尔	白兰花
埃及	睡莲
英格兰	玫瑰
法国	鸢尾
德国	矢车菊
希腊	橄榄花
荷兰	郁金香
印度	睡莲
爱尔兰	三叶草
意大利	雏菊
日本	菊花
墨西哥	仙人掌
新西兰	银蕨
挪威	欧石楠
伊朗	玫瑰
波兰	三色堇
俄罗斯	向日葵
苏格兰	蓟花
南非	帝王花
西班牙	石榴花
瑞典	铃兰
瑞士	火绒草
威尔士	水仙

植物世界

PLANT WORLD

林奈的"花钟"是什么?

生物双名法分类系统的发明者——卡尔·林奈曾经发明了报时的花钟。经过数年的观察,林奈发现某些植物的花朵通常在一天中的固定时间开放或闭合,具体时间因植物而异。根据开放或闭合的花朵种类,人们就能够推断出大致的时间。林奈开辟花园,种植当地的鲜花,按照开放的顺序排列。这些花朵甚至在阴暗或寒冷的天气里也能开放。他称之为"钟表植物群"或"花钟"。

代表月份的十二月花有哪些?

月份	鲜花
一月	康乃馨
二月	紫罗兰
三月	长寿花
四月	香豌豆花
五月	铃兰
六月	玫瑰
七月	飞燕草
八月	剑兰
九月	紫菀
十月	金盏花
十一月	菊花
十二月	水仙花

鲜花、草本植物和其他植物有什么象征意义？

很多文化传统都赋予了鲜花、草本植物以象征意义。下表列举了一些植物的象征意义。

芦荟——康复，保护和爱护

当归——灵感

金钟柏——友谊天长地久

矢车菊——独身之福

罗勒——美好祝福，爱情

月桂——光荣

康乃馨——唉，我可怜的心

甘菊——耐心

香葱——实用

白色三叶草——想着我

香菜——隐藏的价值

莳萝——忠诚

茴香——奉承

蕨类——真诚

天竺葵、栎叶绣球——真正的友谊

麒麟草——鼓励

天芥菜——永恒的爱

冬青——希望

蜀葵——雄心

金银花——爱的契约

苦薄荷——健康

神香草——牺牲、清洁

常春藤——友谊、继续

羽衣草——安慰

薰衣草——奉献、贞操

香蜂草——同情

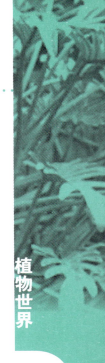

植物世界

PLANT WORLD

马郁兰——快乐、幸福

薄荷——永恒清爽

牵牛花——矫揉造作

金莲花——爱国

橡树——力量

牛至——物质

三色堇——思想

欧芹——欢庆

松树——谦虚

红罂粟——安慰

玫瑰——爱情

迷迭香——回忆

金光菊——正义

芸香——优雅、明目

鼠尾草——智慧、不朽

蓝鼠尾草——我想你

红鼠尾草——永远属于我

香薄荷——情趣、兴趣

酸模——感情

青蒿——坚定不移、嘲笑

香豌豆——愉快

香车叶草——谦虚

艾菊——敌意

龙蒿——持久的兴趣

麝香草——勇气、力量

缬草——敏捷

紫罗兰——忠诚、奉献

蓝色紫罗兰——忠诚

黄色紫罗兰——乡村的幸福

柳树——悲伤

百日草——思念不在身边的朋友

一品红会使儿童和宠物中毒吗？

一品红对儿童和宠物有毒的说法是错误的。即使吃掉整株一品红，儿童也只不过感到腹部不舒服。

不同颜色和品种的玫瑰分别有何象征意义？

玫瑰	意义
黄玫瑰	嫉妒、不忠
红色玫瑰花蕾	青春、美丽
白玫瑰	沉默
兰开斯特玫瑰	团结
勃艮第玫瑰	不经意间的美
麝香玫瑰	善变的美
犬玫瑰	快乐和痛苦
西洋玫瑰	爱情使者
新娘玫瑰	甜蜜爱情
卡罗莱纳玫瑰	危险的爱
五月玫瑰	早熟
苔藓玫瑰	性感妖娆
圣诞玫瑰	宁静

我们身边的生命

哪种兰花常用作胸花？

以英国植物学家威廉·卡特里（William Cattley）命名的淡紫色卡特兰花常用作胸花。

铁杉有毒吗？

通常所说的铁杉分为两种：毒参和加拿大铁杉。毒参与杂草相似，每一部分都有毒。在古代，人们冒着中毒的危险，用最小剂量的毒参来缓解疼痛。毒参还曾被用来执行死刑。希腊哲学家苏格拉底就是被判处死刑后，饮下毒参汁而死的。加拿大铁杉不可与毒参混淆。加拿大铁杉属于常绿树，它的叶可用来制造茶叶。

为什么含羞草的叶子一触即合？

含羞草（也称"敏感植物"）的叶子被触摸后，就会产生微小的电流，并快速传输到每片叶片底部的细胞。电流信号到达细胞后，细胞内的水分就会立即释放。叶子由于失水就会垂下来。

哪种陆地植物的生长速度最快？

原产于东南亚亚热带地区和太平洋、印度洋岛屿上的竹子是生长速度最快的植物。竹子在 24 小时内几乎可以生长 3 英尺（1 米）。如此之快的生长速度部分是因为细胞分化，另一部分则要归功于细胞增大。

什么是食肉植物？

食肉植物指能够引诱、捕食动物，并吸收猎物的体液作为营养的植物。全世界有 400 多种食肉植物。食肉植物的诱捕天性是它们分类的标准。所有食肉植物都具叶片伪装的陷阱，并配以各种诱饵或引诱剂，例如花蜜或诱惑猎物的色彩。主动型陷阱捕捉猎物时动作极快。捕蝇草和狸藻都具有束缚猎物的主动型陷阱。作为陷阱，每片树叶的两面都具有腺毛。一旦触碰腺毛，陷阱就会将猎物紧紧包裹。

半自动型陷阱分为两步。猎物困在黏性液体中时，植物会随着猎物挣扎慢慢收紧。毛毡苔和捕虫堇就是半自动陷阱植物。

被动型陷阱植物用花蜜来诱惑昆虫。这种植物的叶片已经进化为花瓶或水罐的形状。一旦将猎物引至叶子上，猎物就会掉进植物的叶片中，而叶片内存有雨水，猎物就会淹死。猪笼草就属于典型的被动型陷阱植物。北卡罗来纳州东南部绿色沼泽自然保护区内的食肉植物种类最多。

亚马孙王莲有什么独特之处？

亚马孙王莲超级大！这种睡莲只生长在亚马孙河，叶片直径可达 6 英尺（1.8 米）。王莲每季可长出 40 ～ 50 片叶子，叶片坚挺，可承担一个小孩的重量。如果力量平均分布，成熟叶片或可承担 100 磅（45 千克）的重量。亚马孙王莲的花朵高达 12 英寸（30 厘米），在黄昏时分开放，且花期仅为两个夜晚。第一晚莲花为白色。花朵白天闭合，第二晚时颜色变为粉色或紫红色。每株王莲每次仅开一朵花，第二夜过后，花朵便会闭合，沉入水底。

脐橙是如何出现的?

脐橙是没有种子的橙子。19 世纪初期,巴西果园中的一棵橙树结出了无种果实,而其他橙树的果实都很正常。正是由于这一自然突变,才有了今天我们所说的脐橙。将这棵突变橙树的嫩芽嫁接到另一棵橙树上,长出的树枝再嫁接到另一棵树上,很快就出现了脐橙果园。

橙树的结果年限是多少?

一棵普通橙树的结果年限为 50 年,但是能结 80 年果实的橙树也很常见。而据了解,有些 100 多岁的橙树依然能够结果。橙树可长到 20 英尺(6.1 米),但是有些可达 30 英尺(9.1 米)。橙树在各种土质的土壤中均生长良好,但尤其喜爱亚热带环境。

无籽葡萄是怎么种出来的?

既然无籽葡萄无法像普通葡萄那样繁殖(落种),种植者不得不截取枝条,生根后种植在土地中。无籽葡萄源于自然突变,即种子没有发育出坚硬的种皮。尽管其确切来源已不为人知,但可能最早是由几千年前今伊朗或阿富汗一带的人培育而来。现在,90% 的葡萄干都是用汤普森无籽葡萄制成的。

无子西瓜是自然出现的吗?

经过 50 年的研究,无子西瓜于 1988 年首次引进美国。无子西瓜需要用到有子西瓜的花粉,因此农民经常将两者种在一起,让蜜蜂为无子西瓜授粉。无子西瓜中的白色"种子"用来承载受精卵和胚胎。由于无子西瓜不育，无法进行受精，所以它的种子不会像有子西瓜的那样变硬而成为黑色种子。

毒葛、毒橡和毒漆有什么区别？

这些木本植物几乎遍布北美各地，外表极其相似。都有 3 片小叶组成的复叶，果实像浆果，茎部呈锈褐色。毒葛的形态更像藤类而非灌木。它能够生长到很高，遮盖高大固定的物体（如树木）。毒葛的果实呈灰色，无毛，其叶片略微裂开。

毒橡的形态通常为灌木，但能够攀爬。叶片浅裂状，与橡树叶相似，果实有毛。

毒漆仅生长在北美酸性的潮湿沼泽中。这种灌木高度可达 12 英尺（3.7 米），果实悬挂成簇，颜色从灰色到褐色。它的深绿色叶片为交替复叶、尖锐锋利。黄绿色的花朵并不显眼。人体接触毒葛、毒橡和毒漆的任何部分都会导致严重的皮肤炎症。

什么是野葛？

野葛是在 1876 年费城世博会上，从日本带来的一种爬藤。20 世纪 30 年代，为控制水土流失，人们在美国南部地区广泛地种植野葛。事实上，每种植一英亩（约 0.4 公顷）野葛，联邦政府就要付给农民 8 美元。但是，1997 年，政府对野葛的态度迅速逆转，称它为"有害杂草"。野葛可以爬满任何碰到的东西上。像披巾一样遮盖电线杆和松树。因为野葛，每年农场和木材生产损失 5000 多万美元。野葛以每年 12 万英亩的面积增长。21 世纪初，它占据了全美国 200 万～ 400 万英亩的土地，东到康涅狄格州，西至密苏里和俄克拉何马州，向南到佛罗里达和得克萨斯州。这种植物每天可生长 1 英尺（30 厘米）。控制其生长的最新方法就是放羊啃食，吞食它的叶子和茎根。

什么是多肉植物？

多肉植物（succulents，源自拉丁语"succulentis"，意为"肉质的"或"多汁的"）由包括孤挺花、百合和仙人掌科在内的 30 多个植物科组成。由于属于旱地植物，大多数肉质植物具有耐旱性，即使生长在潮湿多雨的环境中，这些植物需要的水分也非常少。

什么植物可以用来鉴定血型？

莲藕、洋刀豆和青豆中的凝集素（细胞表面与糖结合的蛋白质）可以用来鉴定人体血型。凝集素可与红细胞质膜上的糖蛋白结合，由于不同血型的细胞有不同的糖蛋白，所以每种血型的细胞都会与特定的凝集素结合。

什么是苦艾？

苦艾也称中亚苦蒿，是一种耐寒、多年生芳香植物，高度可达 2 ~ 4 英尺（0.6 ~ 1.2 米）。苦艾源于欧洲，但在北美已经普遍归化。苦艾酒就是用这种植物蒸馏、调制而来。人们认为苦艾酒易上瘾、对健康有害，因此 20 世纪初，美国禁止了苦艾酒的生产销售。20 世纪 90 年代，欧盟国家重新批准了苦艾酒的生产和销售，苦艾酒开始复兴。2007 年，美国批准了苦艾酒的销售，但前提是不含侧柏酮。侧柏酮是苦艾中的一种化学物质，能够致幻。

"曼陀罗草"一词从哪儿来？

曼陀罗草（Jimson weed）原名"詹姆斯敦草"（Jamestown weed）。弗吉尼亚州詹姆斯敦的殖民者非常熟悉这种草。它又名荆棘果、疯狂果、臭草、天使喇叭、魔鬼喇叭和白人草。这种草的所有部分都有毒，即使少量摄入，也存在致命的危险。今天，曼陀罗的提取物仍用来治疗哮喘、肠痉挛和其他疾病。

什么是丝瓜海绵？

丝瓜是一种葫芦科草质藤本植物，果实内部的纤维骨骼经常用作海绵。用作海绵时，这种物质常被人称为"丝瓜络"。这种海绵又名揩布瓜棉、丝瓜棉和植物海绵。

● 丝瓜络不是真正的海绵，而是来自丝瓜的纤维骨骼

哪些常见的盆栽植物有毒？

喜林芋属与万年青属植物属于最常见的有毒盆栽植物。这些植物的所有部分都具有毒性。

哪些植物对于儿童无害？

以下植物对儿童无害，误食也不会造成伤害：

非洲紫罗兰	蒲公英	诺福克岛松	虎百合
紫菀	复活节百合花	矮牵牛花	紫罗兰
秋海棠	栀子花	紫色百香果	白花紫露草
波士顿蕨	凤仙花	玫瑰	斑马花
花菱草	翡翠木	吊兰	
锦紫苏	金盏花	瑞士常春藤	

树木和灌木

世界上现存最古老的树木是什么？

银杏，俗称白果树，是现存最古老的树种。银杏原产于中国，经过中国人数百年的培育。目前尚未发现野生银杏树，因此如果没有人工培育，银杏可能已经灭绝。根据两亿年前的银杏化石得知，今天的银杏与它的祖先几乎完全一样。到 21 世纪初期，银杏属植物中仅有一种银杏尚未灭绝。雌银杏树的种子外皮有肉质覆盖，有一股明显的腐烂味。由于雌树结果会产生难闻的气味，园艺学家更喜欢扦插培育雄性白果树。

为什么猫会喜欢猫薄荷?

猫薄荷是一种耐寒多年生草本植物,为猫类所喜爱。它属于薄荷科,也称假荆芥或香薷。所有猫科动物都会对猫薄荷产生反应。美洲狮、猞猁、老虎和狮子闻到猫薄荷的刺激气味会打滚、抓挠面部、伸爪并扭曲身体。很有可能是猫薄荷叶片中的油脂使猫变得兴奋。因为它含有的一种叫作荆芥内酯的化学物质,与雌猫尿液中的一种物质极为类似。

如何区别松树、云杉和冷杉?

区分这 3 种树的最佳方法是观察它们的球果和叶:

松树
白松: 每束 5 根松针; 松针柔软,长 8~13 厘米。球果长 10 ~ 20 厘米。
苏格兰松: 每束 2 根松针; 松针坚硬,黄绿色,长 4 ~ 7 厘米; 球果长 5 ~ 13 厘米。

云杉
白云杉: 松针呈深绿色,坚硬,但并不尖锐。松针生于枝条四周,长度小于 2.5 厘米。球果下悬,长 2.5 ~ 5 厘米。
蓝云杉: 针叶呈银蓝色,长度约 2.5 厘米,坚硬异常且尖锐,松针生于枝条四周。球果长 9 厘米。

冷杉
香脂冷杉: 针叶扁平,长 2.5 ~ 4 厘米,成对相对排列。球果直立,呈圆柱体,长 5 ~ 10 厘米。
弗雷泽冷杉: 外表与香脂冷杉相似,但针叶较小且更圆。
花旗松: 单针叶,长 2.5 ~ 4 厘米,极其柔软。果鳞长有突出的刚毛。

识别各种树木的一个简单方法就是伸出手去与树枝轻轻握手。松树针叶成簇出现,云杉针叶为单个、较尖利,冷杉针叶扁平而柔软。

1 英亩树木砍伐、加工后，可制造出什么产品？

1 英亩（4047 平方米）树林大约有 600 棵树，可出产大约 10.5 万英尺（32004 米）木材，30 多吨纸。

什么是孟加拉榕？

孟加拉榕属于榕属植物的一种，原产于东南亚热带地区。它是一种高大的常绿植物，高度可达 100 英尺（30.48 米），大量的枝干水平生长，根部扎在地下，发育为次级柱状支撑树干。一棵孟加拉榕在几年时间之内就可以占据方圆 2000 英尺（610 米）的地方。

电线杆是用什么木材做成的？

用来做电线杆的木材主要有：南方松、花旗松、西部红雪松和美国黑松。此外，还会用到西黄松、红松、北美短叶松、北部白杉和西部落叶松。

铁路枕木使用的是什么木材？

铁路枕木使用的木材有很多，但最常见的为：花旗松、铁杉木、南方松和各种橡树、胶树。

什么木材最适宜做屠夫的砧板？

由于良好的弹力，一球悬铃木是制作屠夫砧板的首选木材。一球悬铃木也称美国梧桐、北美悬铃木。一球悬铃木的木材也用作装饰墙面的贴面板、篱笆桩和燃料。

棒球棍是用什么木材做的？

木制棒球棍是用美国水曲柳（白蜡树属）做成的。由于木制硬且轻，有助于将球击打出较远的距离，这种木材成为制作球棒的理想之选。一棵 75 年树龄、直径 15.7 英寸（40 厘米）的水曲柳大约能制作 60 根球棒。

乳香和没药是从哪里来的？

乳香是一种具有芳香气味的树胶脂。可通过轻敲乳香属树木的树干收获这种树脂。如果暴露在空气中，乳状树脂就会硬化，形成不规则的颗粒状，即乳香在交易和销售中常见的外形。乳香也称天泽香，可用作许多产品，如药物、香水、固定剂、熏蒸剂和线香的有效成分。没药来源于原产于非洲和中东东北部地区的没药属树木。没药也是一种从树木中获取的树脂，其用途包括药物、香水和牙膏。

为什么白桦树又名"纸白桦"？

白桦树的外层树皮像纸张一样，因此得名"纸白桦"。美洲土著人也正是用这种树制作纸桦木小艇。

植物世界

PLANT WORLD

🌿 白桦树的树皮脱落时形如纸片，也因此得名"纸白桦"

哪些树木属于蔷薇科？

苹果树、梨树、桃树、樱桃树、李子树、花楸和山楂树都属于蔷薇科。

土壤、园林与耕种

土壤分为哪些不同的类型？

土壤为地壳外层风化后的产物，由微小的岩屑和有机物质混合而成。土壤分为三大类：黏性土壤、沙质土壤和壤土。黏性土壤中的颗粒紧紧附着在一起，因此重量较重。大多数植物在黏性土壤中很难吸收营养素，且土壤易于水涝。黏性土壤适合一些深根植物，如薄荷、豌豆和蚕豆。

沙质土壤较轻，颗粒并不附着在一起。它适宜于种植许多高山和干旱作物、一些草本植物（如龙蒿和百里香）以及蔬菜（如洋葱、胡萝卜和西红柿）。

壤土的大小颗粒匀称地混合在一起，它能够轻易地为植物根部提供养分。壤土的排水性较好，同时也能够较好地保持水分。

合成土壤的成分有哪些？

合成土壤由各种有机物和无机物组成。其中，无机物包括浮石、煅烧黏土、煤渣、蛭石、珍珠岩和沙子。蛭石和珍珠岩可用来保水和排水。使用的有机物包括：木渣废料、粪肥、泥炭藓、植物残体以及泥煤。泥炭藓也有助于保湿，降低混合物的 pH 值。人们还可能会添加石灰来中和泥煤的酸性。合成土壤又名生长介质、混合土壤、盆栽混合物、植物基质、温室土壤、盆栽土和改良土壤。大多数合成土壤缺乏重要的营养矿物质，可在混合过程中或者伴随水分添加。

植物生长需要的基本营养元素有哪些？

基本营养素指植物生长必需的一些化学元素。一种元素成为植物生长必需品的前提条件是：1）植物需要它才能完成生命循环（产生可生育的种子）。2）它是植物分子或植物体组成的重要部分，而该分子或组成本身对植物至关重要，例如叶绿体分子中的镁元素。3）缺乏该元素，植物就会表现出缺素症。基本营养素也指基本矿物质和基本无机营养物。

植物有哪些宏量营养素和微量营养素？

植物的宏量营养素包括碳、氢、氧、氮、钾、钙、磷、镁和硫。这些元素的总和接近（有时甚至远远超过）植物干重的 1%。微量营养素有铁、氯、铜、锰、锌、钼和硼。每种微量营养素所占比重在百万分之一到万分之一不等。钠、硅、钴和硒都属于有益元素。研究尚未发现这些元素对于植物的生长发育必不可少。

植物营养素各有什么功能？

宏量营养素	占干重的百分比（约）	重要功能
碳	44	有机细胞的主要成分
氧	44	有机细胞的主要成分
氢	6	有机细胞的主要成分
氮	1 ~ 4	氨基酸、蛋白质、核苷酸、核酸、叶绿体以及辅酶的成分
钾	0.5 ~ 6	酶的成分，合成蛋白质、维持气孔的运行
钙	0.2 ~ 3.5	细胞壁的成分，维持薄膜结构和渗透性，激活某些酶
镁	0.1 ~ 0.8	叶绿体分子的成分，可激活多种酶。
磷	0.1 ~ 0.8	ADP 和 ATP、核酸、磷脂质和若干种辅酶的成分
硫	0.05 ~ 1	某些氨基酸、蛋白质和辅酶 A 的成分

微量营养素	浓度（单位：百万分比）	重要作用
氯	100 ~ 10000	维持渗透压和离子平衡
铁	25 ~ 300	合成叶绿体、细胞色素和固氮酶
锰	15 ~ 800	某些酶的活化剂
锌	15 ~ 100	可作多种酶的活化剂，促进叶绿体形成
硼	5 ~ 75	可能与糖类运输和核酸的合成有关
铜	4 ~ 30	某些酶的活化剂和成分
钼	0.1 ~ 5	固氮作用、硝酸盐还原

有没有测定土壤酸碱性的简便方法？

有些园丁通过嗅觉和味觉对土壤进行简单的检查，酸性土壤的气味与味道均较酸。有人将土壤样品放在一坛醋中，如果醋开始冒泡，则土壤中含有大量石灰，偏碱性。如果没有气泡，则偏酸性。

土壤中的 pH 值有何含义？

从字面上看，pH 值表示"氢离子的浓度"。土壤科学家用它来表示土壤样品中的氢离子浓度。我们通常用 pH 值来表示相对酸碱度。pH 值的中性点为 7；土壤测试值低于 7 的是酸性土壤，高于 7 的是碱性土壤。pH 值基于物质中氢离子浓度的常用对数值。因此，pH 值为 4 的土壤的酸性是 pH 值为 5 的土壤的 10 倍，是 pH 值为 6 的土壤的 100 倍。

最适宜植物生长的土壤 pH 值是多少？

当土壤 pH 值介于 6.0 ~ 7.5 之间时，磷、钙、钾和镁等营养素最容易被植物所吸收。在强酸度（低 pH 值）条件下，这些营养素无法溶解，相对不容易被植物吸收。但是，有些植物（如杜鹃花）在更偏酸性土壤中生长更旺盛。土壤 pH 值过高也会降低营养素的吸收。土壤的 pH 值高于 8 时，磷、铁和许多微量元素也无法溶解，植物无法吸收。

什么是溶液栽培？

溶液栽培指在土壤以外的介质中种植植物。通过溶液，无机养分（如钾、硫、镁和氮）得以源源不断地提供给植物。溶液栽培通常用于土壤稀少或土壤不适宜植物生长的地区。由于可以精确控制营养素的含量和根部的氧化作用，人们经常用它培育科研植物。植物营养学家尤利乌斯·冯·萨克斯（Julius von Sachs，1832—1897）开创了当代溶液栽培学。从 19 世纪中期开始，科研植物都是生长在培养液中。1937 年，加州大学科学家威廉·格里克（William Gericke，1882—1970）定义了"溶液栽培"一词。溶液栽培已经商用化 50 年了，已经适应了许多情况。美国国家航空航天局（NASA）利用溶液栽培在空间站中生产粮食，将二氧化碳循环为氧气。尽管研究非常成功，但溶液栽培技术本身还存在许多局限，业余的园艺工作者可能难有收获。

种子可以保存多少年？

种子如果贮藏在密闭容器、通风干燥的地方，较长时间后仍然可以使用。下表列举了常用种子的保存年限：

种子	保存年限
黄豆	3 年
甜菜	3 年
卷心菜	4 年
胡萝卜	1 年
花椰菜	4 年
甜玉米	2 年
黄瓜	5 年
茄子	4 年
羽衣甘蓝	3 年
莴苣	4 年
洋葱	1 年
豌豆	1 年
胡椒	2 年
南瓜	4 年
水萝卜	3 年
菠菜	3 年
西葫芦	4 年
唐莴苣	3 年
西红柿	3 年
红萝卜	5 年

什么是花道?

"花道"源自日语,意为"有生命的植物在水中的排列及摆放"。它是一门古老的日本插花艺术。花道遵循一定的传统规则,目标为达到完全的和谐、美和均衡。有人称花道为花的雕塑。在日本,花道已经有 1400 年的历史,6 世纪的和尚使用植物和鲜花练习花道,并配以鹅卵石、石块和木头。在日本,只有男人才能练习并发展花道——最早是僧侣，然后是武士和贵族。当然，今天的日本，数百万女性和男性一样也在练习花道，尽管优秀的花道学校校长大多是男性。

什么是战时菜园？

二战时期，美国农业部长克劳德·R.威卡德（Claude R.Wickard，1893—1967）鼓励业主们用所有的空闲地方开辟菜园。所有人都相信，菜园生产的蔬菜会拉低国防部后勤的蔬菜价格，从而省下钱用在其他军务上。除了间接支援战争外，这些花园也被视为一种民间的"精神鼓舞"——菜农会因为为国出力而感到振奋，生产的蔬菜也能获得回报。战时菜园（victory garden）因此成了后方日常生活的一部分。1945年，据说在许多未开发的零星土地上共有2000万座战时菜园，生产了全美约40%的蔬菜。例如人行道与街道之间的狭长地带、城市广场以及芝加哥库克县监狱周围等地方都得到了利用。"战时菜园"一词源于理查德·加德纳（Richard Gardner）1603年同名英文著作。

容器育苗植物、带土栽培植物和裸根栽培植物有什么区别？

容器育苗植物终生或绝大多数时间生长在某种通常由泥煤、塑料或黏土支撑的盆内。带土栽培植物的根部连同土壤小心挖出后，用麻袋包好。裸根植物也是从生长土壤中挖出，却未保留土坨。它的价格通常要低于装在器皿内或包装在麻袋内的同种植物。此外，裸根植物通常可选择范围较广，便于邮寄运输。

苹果佬真的种过苹果树吗？

约翰·查普曼（John Chapman，1774—1845）又名"苹果佬"，他确实曾在美国中西部种植过苹果园，还免费送给拓荒者、鼓励苹果园向西部扩张。传说中，他是一个赤脚的流浪汉，肩上背着袋子游走在各地农村，随意撒播苹果种子。他性格古怪，经常向路人宣讲《圣经》和宗教哲学。到1845年约翰·查普曼去世时，他已经成为一个成功的大商人，拥有的果园和苗圃占地数千英亩。

❧ 上图为1966年发行的纪念约翰·查普曼的一张美国邮票

日式盆景的秘诀是什么？

这些叶片细小、树干扭曲的微型树木可能有好几百岁的年龄。为了抑制植物的生长，人们仔细地去除它们的营养素，剪去生长最快的嫩枝和花蕾，种植在小盆内以削减根系。选择性修剪、修剪顶芽以及接线技术是控制树木外形的常用方法。盆栽可能始于中国周朝（前1046—前256），当时的君王用微型花园代表其统治的各诸侯地。

节水型园艺是什么意思？

节水型园艺指种植节水植物的园艺，是一种在缺水地区进行园艺作业的现代工艺。节水型园艺（Xeriscaping）一词源自希腊语"xeros"，意为"干燥"。这种园艺种植了抗旱植物和低维护性草类，每2～3周才需浇水一次。其他的节水技术包括滴灌、植物床覆盖和有机土壤改良，它们可以促进水分的吸收和保留，从而减少灌溉次数。

ANIMAL WORLD
动物世界

基本介绍及历史背景

动物的主要特征有哪些？

动物种类繁多，却具有许多共性。动物属于非自养多细胞真核生物，食物的消化与吸收均在体内进行。动物细胞没有支撑植物和菌类细胞的细胞壁。大多数动物具有肌肉、神经系统，可运动，并对环境中的刺激做出快速反应。此外，大多数动物在二倍体时期进行有性繁殖。在大多数动物中，较大的非运动性卵子与较小、带有长尾的精子受精后，形成二倍子合体。特殊调节基因控制着从受精卵到特定动物的发育过程，并通过胚胎发育表达出来。

谁是"动物学之父"？

亚里士多德是公认的"动物学之父"。他对动物学的贡献包括：大量关于动物种类、身体结构与行为的信息，对生物体各部分的分析以及开创生物分类学。

谁是"现代动物学之父"？

瑞士博物学家康拉德·格斯纳（Conrad Gessner，1516—1565）著有 3 卷《动物史》，也因此被誉为"现代动物学之父"。这 3 本书也成为 16 和 17 世纪欧洲动物学的标准参考著作。

最大的无脊椎动物是什么？

大王乌贼是世界上最大的无脊椎动物。如果包括触手，大王乌贼的平均长度为 30 ～ 53 英尺（9 ～ 16 米），最大长度可达到 69 英尺（21 米）。它们也拥有动物界最大的眼睛，眼球直径达 10 英寸（25 厘米）。有人相信，大王乌贼通常生活在 3281 英尺（1000 米）的海底附近，或海平面以下半英里（800 米）多深的地方。

动物是如何分类的？

动物属于动物界。大多数生物学家将动物界分为两个亚界：1）侧生动物（Parazoa，源自希腊语"para"和"zoa"；分别意为"旁边"和"动物"）；2）真后生动物（Eumetazoa，源自希腊语"eu"意为"真实的"，"meta"意为"稍后"，"zoa"表示动物）。海绵（多孔动物门动物的通称）是现存的唯一一种侧生动物。海绵与其他动物非常不同，尽管属于多细胞生物，其机能却与单细胞群体原生动物极为类似。海绵细胞用途广泛，可以变化形态和功能。这种细胞不会形成组织或器官，且不具有对称性。其他所有动物都具有真正的组织和对称性，属于真后生动物。

我们身边的生命

如何按照对称性对动物进行分类？

对称性指的是以轴心为基准，身体结构的对称性分布。大多数动物都会体现径向或双向的身体对称性。海蜇、海葵和海星等动物具有径向对称性。径向对称的身体结构通常呈车轮状或圆柱形，从中心轴分布出像辐条一样的对称结构。其他动物的身体则均为双面对称，身体左右两部分互为镜像。双面对称的身体具有顶部和底部，分别称作背侧和腹侧。同时也具有前端（前面）和后端（后面）。

有多少种不同的动物？

生物学家已经描述、命名了 100 多万种动物。有些生物学家认为，仍然存在数百万种动物等待人类发现、分类和命名。

动物的特性和活动

无脊椎动物和脊椎动物有什么区别？

无脊椎动物指没有脊骨的动物。几乎所有的动物（99%）都属于无脊椎动物。在 100 多万种已识别动物中，只有 5.2 万种具有脊柱，这些动物也称为脊椎动物。许多生物学家相信，有待发现的数百万种动物都属于无脊椎动物。

既能生活在海洋中又能在淡水中存活的重要的无脊椎动物有哪些？

桡足类动物（微小的甲壳纲动物）将海洋和池塘中的光合作用生物与海洋食物网中的其他生物联系在一起。它们是海洋和池塘中以藻类为食的初级消费者。和地球上许多其他的多细胞生物一样，这类生物既受到各种小型捕食者捕食，后者又受到大型捕食者吞食，以此类推。事实上，海洋中所有的动物都直接或间接地依赖于桡足类。尽管人类并不直接食用桡足动物，但是没有它，我们的海鲜来源将不复存在。

脊索动物有哪些主要特点？

脊索动物都有一个脊索、背神经管和咽鳃裂。脊索是一个软骨质支承杆，沿身体背部延伸。脊索经常出现在胚胎中，但是在大多数脊椎动物的发育过程中，骨质脊柱或软骨质椎骨会替代脊索。管状的背神经管（脊索的背面）由外胚层在发育阶段内折形成。脊椎动物的神经受到脊椎遮盖、得到保护。咽鳃裂形成于胚胎发育时期的咽喉两侧。

脊索动物分为哪三大类？

脊索动物门分为三个亚门：尾索动物亚门、头索动物亚门和脊椎动物亚门。尾索动物亚门就像小的皮革袋，自由生存或者附着在船底、岩石和海草上。尾索动物亚门受到干扰时会收缩，并从两道虹吸管中射出水流，所以也称为海鞘。

头索动物亚门包括文昌鱼。成年文昌鱼看起来像小鱼，具有脊索动物的3个特征。文昌鱼还具有明显的体节性（metamerism，希腊语中"meta"意为"在……之间、之后"，"mero"意为"部分"），可纵向分为一系列肌肉片段。脊椎动物（脊索动物第三亚门）的内部结构也具有同样的体节性。

脊椎动物共有哪些主要特点？

脊椎动物亚门的动物存在区别于其他脊索动物的几个特点。最明显的是身体中围绕脊椎（脊柱）的内骨骼或软骨。脊柱由独立的椎骨（具有内部体节性）组成，集灵活性与力量于一体，能够支撑起庞大的身体。脊椎动物的其他特点还包括：1）复杂的背侧肾脏；2）从肛门延伸出的尾巴（一些动物进化后没有尾巴）；3）一套闭锁型循环系统和一颗发育良好的心脏；4）位于脊椎骨前端的大脑，具有 10 对或更多颅神经；5）一个保护大脑的颅骨；6）雄性和雌性均具有配对的性器官；7）两对可移动附属肢体——鱼类的鳍（演化为陆地脊椎动物的腿）。

最早的脊椎动物是什么？

最早的脊椎动物是出现于 5 亿年前的鱼类。它们属于无颌类（agnathans，源自希腊语，"a"意为"没有"，"gnath"意为"颚"）。这些鱼类小而无颚，长 8 英寸（20 厘米）。由于身体受骨板覆盖（尤其是保护大脑的头盾），这些鱼也被称为甲青鱼类。

什么动物最早从水中向陆地过渡？

两栖动物最早部分地过渡为陆地生命。现存两栖动物包括：蝾螈、火蜥蜴、青蛙和蟾蜍。尽管肺鱼部分过渡到水外生活，两栖动物却是最先挣扎到陆地上，适应了呼吸空气的生活，不再时时处在水中。

🔵 两栖动物（例如青蛙）的祖先最先从海洋动物进化成陆地动物

哪种脊椎动物是最早的陆栖脊椎动物？

爬行动物是最早的真正陆栖脊椎动物。为了成功地在陆地上生活，它们做出了许多适应。

进化最成功、种类最多的
陆栖脊椎动物是什么？

鸟纲中的鸟类是演进得最成功的陆栖脊椎动物。现存鸟类共分为 28 个目、将近 1 万种，几乎遍布整个地球。鸟类的成功主要归功于翅膀的发育。

最大和最小的脊椎动物是什么？

最大的脊椎动物	名称	长度和重量
海洋哺乳动物	蓝鲸	长 100 ~ 110 英尺（30.5 ~ 33.5 米），重 112.4 ~ 189.6 吨
陆地哺乳动物	非洲象	雄性肩高 10.5 英尺（3.2 米），重 4.8 ~ 5.6 吨
现存鸟类	北非鸵鸟	高 8 ~ 9 英尺（2.4 ~ 2.7 米），重 156.5 千克
鱼类	鲸鲨	长 41 英尺（12.5 米），重 15 吨
爬行动物	湾鳄	长 14 ~ 16 英尺（4.3 ~ 4.9 米），重 900 ~ 1500 磅（408 ~ 680 千克）
啮齿类动物	水豚	长 3.25 ~ 4.5 英尺（1 ~ 1.4 米），重 250 磅（113.4 千克）

最小的脊椎动物	名称	长度和重量
海洋哺乳动物	康氏矮海豚	重 50 ~ 70 磅（22.7 ~ 31.8 千克）
陆地哺乳动物	大黄蜂蝙蝠或鼩鼱	蝙蝠长 1 英寸（2.54 厘米），重 0.062 ~ 0.07 盎司（1.8 ~ 2 克）；鼩鼱长 1.5 ~ 2 英寸（3.8 ~ 5 厘米），重 0.052 ~ 0.09 盎司（1.5 ~ 2.6 克）
鸟类	蜂鸟	长 2.25 英寸（5.7 厘米），重 0.056 盎司（1.6 克）
鱼类	琵琶鱼（雄性）	长 0.24 英寸（6.1 毫米）
爬行动物	壁虎	长 0.63 英寸（1.6 厘米）
啮齿类动物	俾格米鼠	长 4.3 英寸（10.9 厘米），重 0.24 ~ 0.28 盎司（6.8 ~ 7.9 克）

世界上种类最多的脊椎动物类别是什么？

鱼类是世界上种类最多的脊椎动物类别。鱼类多种多样，包括近 25,000 个物种——几乎是其他所有脊椎动物的总和。大多数鱼类属于硬骨鱼纲，例如鲈鱼、鳟鱼和大马哈鱼。

动物世界

ANIMAL WORLD

雄性动物和雌性动物的英文名称有哪些?

动物	雄性名称	雌性名称
短吻鳄	Bull	
蚂蚁	Queen	
驴	Jack，jackass	Jenny
熊	Boar 或 he-bear	Sow 或 she-bear
蜜蜂	Drone	Queen 或 queen bee
骆驼	Bull	Cow
北美驯鹿	Bull，stag 或 hart	Cow 或 doe
猫	Tom，tomcat，gib，gibeat，boarcat 或 ramcat	Tabby，grimalkin，malkin，pussy 或 queen
鸡	Rooster，cock，stag 或 chanticleer	Hen，partlet 或 biddy
美洲狮	Tom 或 lion	Lioness，she-lion 或 pantheress
郊狼	Dog	Bitch
鹿	Buck 或 stag	Doe
狗	Dog	Bitch
鸭子	Drake 或 stag	Duck
狐狸	Fox，dog-fox，stag，reynard 或 renard	Vixen，bitch 或 she-fox
长颈鹿	Bull	Cow
山羊	Buck，billy，billie，billie-goat 或 he-goat	She-goat，nanny，nannie 或 nannie-goat
鹅	Gander 或 stag	goose 或 dame
天竺鼠	Boar	
马	Stallion，stag，horse，stud，slot，stable horse，sire 或 rig	Mare 或 dam
黑斑羚	Ram	Ewe
袋鼠	Buck	Doe

动物	雄性名称	雌性名称
豹	Leopard	Leopardess
狮子（非洲狮）	Lion 或 tom	Lioness 或 she-lion
龙虾	Cock	Hen
海牛	Bull	Cow
水貂	Boar	Sow
麋鹿	Bull	Cow
骡子	Stallion 或 jackass	She-ass 或 mare
鸵鸟	Cock	Hen
水獭	Dog	Bitch
猫头鹰		Jenny 或 howlet
牛	Ox，beef，steer 或 bullock	Cow 或 beef
鹧鸪	Cock	Hen
孔雀	Peacock	Peahen
鸽子	Cock	Hen
鹌鹑	Cock	Hen
兔子	Buck	Doe
驯鹿	Cock	
海豹	Bull	Cow
羊	Buck，ram，male-sheep 或 mutton	Ewe 或 dam
臭鼬	Boar	
天鹅	Cob	Pen
白蚁	King	Queen
老虎	Tiger	Tigress
火鸡	Gobble 或 tom	Hen
海象	Bull	Cow
鲸	Bull	Cow
土拨鼠	He-chuck	She-chuck
鹪鹩		Jenny 或 jennywren
斑马	Stallion	Mare

动物世界

ANIMAL WORLD

英语中动物幼崽的名称有哪些？

动物	幼崽名称
蚂蚁	Antling
羚羊	Calf，fawn，kid 或 yearling
熊	Cub
河狸	Kit 或 kitten
鸟	Nestling
山猫	Kitten 或 cub
水牛	Calf，yearling 或 spike-bull
骆驼	Calf 或 colt
金丝雀	Chick
美洲驯鹿	Calf 或 fawn
猫	Kit，kitten，kitling，kitty 或 pussy
牛	Calf，stot 或 yearling [bullcalf（雄性）或 heifer（雌性）]
鸡	Chick，chicken，poult，cockerel，或 pullet
黑猩猩	Infant
蝉	Nymph
蛤	Littleneck
鳕鱼	Codling，scrod 或 sprag
秃鹫	Chick
美洲狮	Kitten 或 cub
奶牛	Calf [bullcalf(雄性)、heifer(雌性)]
郊狼	Cub，pup 或 puppy
鹿	Fawn
狗	Whelp 或 puppy
鸽子	Pigeon 或 squab
鸭子	Duckling 或 flapper
老鹰	Eaglet
鳗鱼	Fry 或 elver

动物	幼崽名称
大象	Calf
麋鹿	Calf
鱼	Fry，fingerling，minnow 或 spawn
苍蝇	Grub 或 maggot
青蛙	Polliwog 或 tadpole
长颈鹿	Calf
山羊	Kid
鹅	Gosling
松鸡	Chick，poult，squealer 或 cheeper
马	Colt（雄性），foal，stot，stag，filly（雌性），hog-colt，youngster，yearling 或 hogget
袋鼠	Joey
豹	Cub
狮子	Shelp，cub 或 lionet
虱子	Nit
水貂	Kit 或 cub
猴子	Suckling，yearling 或 infant
蚊子	Larva，flapper，wriggler 或 wiggler
麋鼠	Kit
鸵鸟	Chick
水獭	Pup，kitten，whelp 或 cub
猫头鹰	Owlet 或 howlet
牡蛎	Set seed，spat 或 brood
鹧鸪	Cheeper
鹈鹕	Chick 或 nestling
企鹅	Fledgling 或 chick
野鸡	Chick 或 poult

动物世界

ANIMAL WORLD

动物	幼崽名称
鸽子	Squab，nestling 或 squealer
鹌鹑	Cheeper，chick 或 squealer
兔子	Kitten 或 bunny
浣熊	Kit 或 cub
驯鹿	Fawn
犀牛	Calf
海狮	Pup
海豹	Whelp，pup，cub 或 bachelor
鲨鱼	Cub
羊	Lamb，lambkin，shearling 或 yearling
臭鼬	Kitten
松鼠	Dray
天鹅	Cygnet
猪	Shoat，trotter，pig 或 piglet
白蚁	Nymph
老虎	Whelp 或 cub
蟾蜍	Tadpole
火鸡	Chick 或 poult
龟	Chicken
海象	Cub
黄鼠狼	Kit
鲸鱼	Cub 或 pup
狼	Kit 或 cub
土拨鼠	Colt 或 foal
斑马	Calf

哪种动物的妊娠期最长？

妊娠期最长的动物不是哺乳动物，而是胎生两栖动物——阿尔卑斯黑蝾螈。在长达 38 个月的妊娠期中，这种黑蝾螈生活在海拔 4600 英尺（1402 米）以上的瑞士阿尔卑斯山。它能生育两个发育完全的幼崽。

动物（尤其是哺乳动物）的寿命有多长？

在所有哺乳动物中，人类和长须鲸的寿命最长。以下为多种动物的最长寿命。

动物	学名	最高寿命（年）
麦氏陆龟	*Testudo sumeirii*	152+
圆蛤	*Venus mercenaria*	150
常见箱龟	*Terrapen Carolina*	138
欧洲池塘龟	*Emys orbicularis*	120+
股刺陆龟	*Testudo graeca*	116+
长须鲸	*Balaenoptera physalus*	116
人类	*Homo sapiens*	110+
深海蛤	*Tindaria callistiformis*	约 100
虎鲸	*Orcinus orca*	约 90
欧洲鳗鱼	*Anguilla anguilla*	88
湖泊鲟鱼	*Acipenser fulvescens*	82
淡水贻贝	*Margaritana margaritifera*	70 ~ 80
亚洲象	*Elephas maximus*	78
安第斯秃鹰	*Vultur gryphus*	72+
鲸鲨	*Rhiniodon typus*	约 70
非洲象	*Loxodonta Africana*	约 70
大雕	*Bubo bubo*	68+

动物	学名	最高寿命（年）
美洲短吻鳄	*Alligator mississipiensis*	66
蓝金刚鹦鹉	*Ara macao*	64
鸵鸟	*Struthio camelus*	62.5
马	*Equus caballus*	62
猩猩	*Pongo pygmaeus*	约 59
短尾鹰	*Terathopius ecaudatus*	55
河马	*Hippopotamus amphibious*	54.5
黑猩猩	*Pan troglodytes*	51
白鹈鹕	*Pelecanus onocrotalus*	51
大猩猩	*Gorilla gorilla*	50+
家鹅	*Anser a. domesticus*	49.75
灰鹦鹉	*Psittacus erithacus*	49
印度犀牛	*Rhinoceros unicornis*	49
欧洲棕熊	*Ursus arctos arctos*	47
灰色海豹	*Halichoerus gryphus*	46+
蓝鲸	*Balaenoptera musculus*	约 45
金鱼	*Carassius auratus*	41
普通蟾蜍	*Bufo bufo*	40
蛔虫	*Tylenchus polyhyprus*	39
长颈鹿	*Giraffa camelopardalis*	36.25
双峰驼	*Camelus ferus*	35+
巴西貘	*Tapirus terrestris*	35
家猫	*Felis catus*	34
金丝雀	*Serinus canaria*	34
美洲野牛	*Bison bison*	33
山猫	*Felis rufus*	32.3
抹香鲸	*Physeter macrocephalus*	32+

动物	学名	最高寿命（年）
美洲海牛	*Trichechus manatus*	30
红袋鼠	*Macropus rufus*	约 30
非洲水牛	*Syncerus caffer*	29.5
家狗	*Canis familiaris*	29.5
狮子	*Panthera leo*	约 29
非洲香猫	*Viverra civetta*	28
捕鸟蛛	*Mygalomorphae*	约 28
红鹿	*Cervus elaphus*	26.75
老虎	*Panthera tigris*	26.25
大熊猫	*Ailuropoda melanoleuca*	26
美洲獾	*Taxidea taxus*	26
常见袋熊	*Vombatus ursinus*	26
宽吻海豚	*Tursiops truncates*	25
家鸡	*Gallus g. domesticus*	25
灰松鼠	*Sciurus carolinensis*	23.5
土豚	*Orycteropus afer*	23
家鸭	*Anas platyrhynchos domesticus*	23
郊狼	*Canis latrans*	21+
加拿大水獭	*Lutra Canadensis*	21
家羊	*Capra hircus domesticus*	20.75
蚁后	*Myrmecina graminicola*	18+
普通兔子	*Oryctolagus cuniculus*	18+
白鲸	*Delphinapterus leucas*	17.25
鸭嘴兽	*Ornithorhynchus anatinus*	17
海象	*Odobenus rosmarus*	16.75
家养火鸡	*Melagris gallapave domesticus*	16
美洲海狸	*Castor Canadensis*	15+

动物世界

ANIMAL WORLD

动物	学名	最高寿命（年）
陆生蜗牛	*Helix spiriplana*	15
天竺鼠	*Cavia porcellus*	14.8
刺猬	*Erinaceus europaeus*	14
圆头倭犰狳	*Calyptophractus retusus*	12
水豚	*Hydrochoerus*	12
南美洲栗鼠	*Chinchilla dale*	11.3
巨人蜈蚣	*Scolopendra gigantea*	10
金仓鼠	*Mesocricetus auratus*	10
环节蠕虫	*Allolobophora longa*	10
袋网蜘蛛	*Atypus affinis*	9+
埃及沙鼠	*Gerbillus pyramidum*	8.1+
多刺海星	*Marthasterias glacialis*	7+
千足虫	*Cylindroiulus landinensis*	7
河狸鼠	*Myocastor coypus*	6+
家鼠	*Mus musculus*	6
马达加斯加棕尾猫鼬	*Salanoia concolor*	4.75
蔗鼠	*Thryonomys swinderianus*	4.3
西伯利亚飞松鼠	*Pteromys volans*	3.75
普通章鱼	*Octopus vulgaris*	2～3
俾格朱鼠	*Suncus etruscus*	2
囊鼠	*Thomomys talpoides*	1.6
帝王蝶	*Danaus plexippus*	1.13
温带臭虫	*Cimex lectularius*	0.5（182天）
黑寡妇蜘蛛	*Latrodectus mactans*	0.27（100天）
常见家蝇	*Musca domesticus*	0.04（17天）

除了人类以外，还有哪些动物最聪明？

行为生物学家爱德华·O.威尔逊（Edward O.Wilson，1929—）认为，以下 10 种动物最聪明：

1. 黑猩猩（2 种）
2. 大猩猩
3. 红毛猩猩
4. 狒狒（7 种，包括鬼狒和山魈）
5. 长臂猿（7 种）
6. 猴子（多种，尤其是猕猴、赤猴和西里伯斯岛黑猿猴）
7. 小型齿鲸（数种，尤其是虎鲸）
8. 海豚（约 80 种海豚中的许多种）
9. 大象（2 种）
10. 猪

🐾 黑猩猩、大猩猩和其他灵长类动物与人类一样，都有指纹

除人类外，其他动物有指纹吗？

据了解，大猩猩和其他灵长类动物都有指纹。考拉也有指纹。澳大利亚的研究人员发现，考拉的指纹无论是大小、形状和纹理都与人类的指纹极其相似。

动物们有色觉吗？

貌似大多数爬行动物和鸟类都具有良好的色彩分辨能力。然而，大多数哺乳动物都是色盲。类人猿和猴子具有分辨色彩的能力。狗能够区分灰色阴影并看到各种蓝色阴影。猫似乎能够区分绿色和蓝色。

动物身体的某些部分能够再生吗？

有些动物确实具有再生功能。然而，动物的种属越复杂，这种再生能力就越低。原始无脊椎动物经常出现肢体再生。例如，一个扁形虫能够对称分裂为完全相同的两个部分。在高级无脊椎动物中，棘皮动物（如海星）和节肢动物（如昆虫和甲壳类动物）也具有再生功能。有些昆虫（如蟑螂、果蝇和蝗虫）以及甲壳虫（如龙虾、螃蟹和小龙虾）能够进行附属肢体（如四肢、翅膀和触须）的再生。例如，小龙虾失去的螯会在下次脱皮（由于生长，坚硬的表皮外壳脱落，新的表皮随之硬化）时重新长出。然而，再生的螯有时达不到已脱落螯的大小。但经过每次脱皮（一年 2～3 次）后，新螯会逐渐生长，最终与原始螯一般大小。在非常有限情况下，有些两栖动物和爬行动物可再生出失去的腿或尾巴。

动物与人类的听觉频率分别是多少？

声音的频率就是音高，通常用 Hz（赫兹）表示。声音可分为次声波（低于人类听觉范围）、可听声（人类听觉范围内）和超声波（高于人类听觉范围）。

动物	听觉频率范围（Hz）
狗	15 ～ 50000
人类	20 ～ 20000
猫	60 ～ 65000
海豚	150 ～ 150000
蝙蝠	1000 ～ 120000

所有动物的血都是红色的吗？

血液的颜色与运输氧气的化合物有关。含有铁元素的血红蛋白呈红色，所有脊椎动物和部分无脊椎动物的血液都属于这种。环节动物（蠕虫）的血液中含有绿色素（血绿蛋白）或红色素（蚯蚓血红蛋白）。某些甲壳纲动物（身体可分裂且具有鳃的节肢动物）的血液中含有蓝色素（血蓝蛋白）。

除人类之外，动物也会打呼噜吗？

观察发现，许多动物会偶尔打呼噜。这些动物包括狗、猫、奶牛、羊、水牛、大象、骆驼、狮子、豹子、老虎、猩猩、黑猩猩、马、骡、斑马和大羚羊。

哪些动物跑得比人快？

猎豹是世界上速度最快的哺乳动物，能够在两秒钟内从静止加速到45英里/小时（72千米/小时）；有人测定，猎豹在短距离内速度可达到70英里/小时（113千米/小时）。在通常的捕猎中，猎豹平均速度为40英里/小时（64千米/小时）。人类在短距离内的速度可接近28英里/小时（45千米/小时）。下表中的数据为0.25英里（0.4千米）路程内的速度。

动物	最高速度（单位：英里 / 小时；千米 / 小时）
猎豹	70；112.6
叉角羚	61；98.1
牛羚	50；80.5
狮子	50；80.5
瞪羚	50；80.5
夸特马	47.5；76.4
麋鹿	45；72.4
猎狗	45；72.4
郊狼	43；69.2
灰狐	42；67.6
鬣狗	40；64.4
斑马	40；64.4
蒙古野驴	40；64.4
灵缇犬	39.4；63.4
小灵狗	35.5；57.1
家兔	35；56.3
黑尾鹿	35；56.3
豺	35；56.3
驯鹿	32；51.5
长颈鹿	32；51.5
白尾鹿	30；48.3
疣猪	30；48.3
灰熊	30；48.3
家猫	30；48.3
人类	27.9；44.9

我们身边的生命

海绵动物、腔肠动物和蠕虫

最原始的动物种群是什么?

最原始的动物是海绵动物（多孔动物门，Porifera，源自拉丁语，"porus"意为"小孔"，"fera"意为"有"）。这些生物由特化细胞聚集而成，没有真正的组织或器官，未经过分化与整合，不具备身体对称性。海绵身体上分布有通向滤室的小孔，水分通过小孔抽入体内，通过滤室顶端的出水孔排出。海绵在水分流经身体的时候吸收营养物质和氧气，排出废物。海绵动物独有的带鞭毛环细胞可通过振动使水分穿过体腔。因此人们将海绵定性为滤食性动物。

海绵的基本组成部分有哪些?

支撑海绵身体的骨骼由一种叫作骨针的硬晶体组成，其外形与构成是分类学的重要特征。钙质海绵的骨针由碳酸钙（大理石和石灰岩的原料）构成。硅质海绵的骨针为二氧化硅，并组成一张精致透明的网状物。寻常海绵由硅质针骨和一套纤维状蛋白（与胶原蛋白类似）网状物构成，它是家用海绵的来源。将死亡海绵浸泡在浅水中，细胞物质腐烂后就能得到海绵硬蛋白网状物。但是，今天出售的许多家用海绵是用塑料制成的，与真正的海绵并没有什么关系。

海蜇和僧帽水母蜇刺对人类致命吗?

海蜇蜇刺会使人感到强烈的疼痛、十分危险，但通常并不致命。大多数蜇刺会引起数小时的疼痛烧灼感，可能也会出现伤痕和发痒红疹。只有箱水母（海黄蜂）的蜇刺才会致人死亡。人类拥有的唯一的水母蜇刺血清就是治疗箱水母蜇刺的。

一只普通海绵一天可循环多少水？

一只高 4 英寸（10 厘米）、半径为 0.4 英寸（1 厘米）的海绵每天吸收约 22.5 升的水穿过自己身体。海绵要获取增重 3 盎司（85 克）所需食物，必须过滤约 1000 千克海水。

哪些动物属于刺胞动物门？

珊瑚、水母、海葵和水螅都属于刺胞动物门。刺胞（Cnidaria，源自希腊语"kinde"，意为"刺激"，拉丁语"aria"，意为"像"或"连接"）指有些刺胞动物独有的针刺结构。它们的消化腔只有一个开口；一圈触手围绕开口排列，可用来捕捉食物和抵抗捕食者。触手与外体层的细胞含有刺丝囊（刺状、像鱼叉的结构）。在各类动物中，刺胞动物的细胞是最早形成组织的细胞。

水母有哪些有趣的特点？

水母生活在许多大洋的海岸处，大多数时间漂浮在海面附近。它的身体呈钟表形，其中 95% ～ 96% 为水分。围绕水母"钟表"的肌肉环可有规律地收缩，从而推动它在水中穿行。水母属于食肉动物，用刺状触手捕获猎物后，再将麻痹的动物拖拽进消化腔。水母呈凝胶状，身体可完全透视。

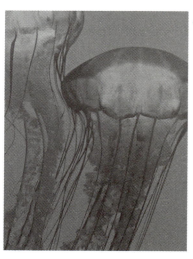

🐢 水母是一种纤弱的食肉动物，通过有毒蜇刺捕捉猎物。水母可以在猎物伤害到自己纤弱的身体前，就用剧毒蜇死猎物

刺丝囊是如何运作的？

刺丝囊是所有刺胞动物特有的细胞器。每个刺丝囊都有一条沿倒钩刺排列的卷曲线状管。刺丝囊可用来捕捉动物或防御外敌。一旦触动，刺丝囊内会产生极高的渗透压（140 个大气压），水分涌进体腔，导致水静压升高，产生驱动刺丝的巨大力量。倒钩会立即刺入猎物体内，并注入剧毒蛋白质。

哪些刺胞动物具有经济价值？

形成珊瑚礁的珊瑚虫属于最重要的刺胞动物之一。珊瑚礁是最多产的一种生态系统，是热带海洋中大型的碳酸钙（石灰石）堆积，由生物体经过数千年形成。与珊瑚礁有关的鱼类和其他动物为人类提供了一个重要的食物来源，而珊瑚礁本身也成为旅游景点。数千个岛屿的岛基都是珊瑚礁构成的，许多陆地生物也受益于珊瑚礁。珊瑚礁还可以阻挡海浪，保护海岸线抗击暴风雨和侵蚀作用。

珊瑚礁是如何形成的？ 形成速度有多快？

珊瑚礁只生长在温暖的浅水区。珊瑚虫死亡后，它的碳酸钙骨骼充当了框架，层层的幼虫相继附着在上面。如此日积月累，伴以海平面升高，逐渐形成了深度和长度达数百米的礁石。珊瑚虫（又叫水螅体）呈柱状体，身体下端附着在礁石的硬底上，上端任意延伸到水中。一整块珊瑚礁就含有成千上万的珊瑚虫。根据分泌成的骨骼的差异，珊瑚虫可分为硬珊瑚和软珊瑚。硬珊瑚虫会在自身周围堆积固态的碳酸钙骨骼，因此许多游泳者看到的只是珊瑚骨骼；珊瑚虫白天会蜷缩成杯状。佛罗里达州和加勒比海域的主要珊瑚礁建造者——大石星珊瑚需要约 100 年时间才能形成 3 英尺（1 米）高的礁石。

珊瑚虫为什么会有颜色?

珊瑚虫和虫黄藻属于共生关系。虫黄藻是可进行光合作用的鞭毛藻类（单细胞生物），它赋予了珊瑚虫独特的颜色——粉色、紫色和绿色。排斥虫黄藻的珊瑚虫则呈白色。

珊瑚白化与环境变化有关系吗?

虽然珊瑚能够捕捉猎物，但是许多热带珊瑚仍然依赖进行光合作用的藻类（虫黄藻）来获取营养物。这些藻类生活的地方是排列在珊瑚消化腔的细胞内。两者的共生关系是双赢的。藻类为珊瑚提供氧、碳和氮元素等化合物。珊瑚则为藻类提供氨（排泄物），后者再使用氨为双方制造含氮化合物。珊瑚白化是寄居在珊瑚腔内的虫黄藻减少诱发的。珊瑚白化时，虫黄藻失去了天然色素，被逐出珊瑚细胞。没有了虫黄藻，珊瑚就会营养不良而死。虽然珊瑚白化的原因尚未完全得知，但有人认为珊瑚白化与环境因素有关。污染、细菌入侵（如弧菌）、盐分和温度的变化以及高强度的紫外线照射（与臭氧层破坏有关）都会导致珊瑚白化。

扁形虫包括哪三种?

扁形虫属于扁形动物门，为扁平细长的无体腔动物，具有双面对称性和原始器官。扁形虫的成员包括：1）涡虫；2）吸虫；3）绦虫。

人类最常见的绦虫传染病有哪些？

绦虫属于绦虫纲，身体长而扁平，体内具有一套线状生殖器官。绦虫的每一体节称为节片。

绦虫	传染途径
牛肉绦虫	食用半熟的牛肉，为最常见的一类绦虫病病原。
猪肉绦虫	食用半熟的猪肉；比牛肉绦虫要少见。
鱼类绦虫	食用半熟或未充分烹饪的鱼肉；常见于美国五大湖地区。

线虫的数量高达多少？

线虫（或圆虫）属于线虫动物门（Nematoda，源自希腊语"nematos"，意为"线"）。线虫数量的庞大体现在两个方面：1）已知和未知物种的数量；2）一块栖息地中线虫的总数。已经命名的线虫约有 1.2 万种，但是据估计，如果找出所有的线虫种类，这一数字将逼近 50 万。线虫生活在各种各样的栖息地中，从大海到土壤都有它们的存在。6 立方英寸（100 立方厘米）的土壤中就可能含有数千条线虫。1 平方码（0.85 平方米）的森林或耕地里面可能含有数百万条线虫。每英亩优质表层土里面可能包含几十亿只线虫。

哪种线虫最出名？

秀丽隐杆线虫是一种土壤线虫，培育较多，已成为发育生物学的典型研究生物了。1963 年，悉尼·布伦纳（Sydney Brenner，1927—）开始研究这种动物，并于 2002 年获得诺贝尔生理学或医学奖。秀丽隐杆线虫通常生活在土壤中，但是在实验室的培养皿中也能够轻松成活。它的长度仅有 0.06 英寸（1.5 毫米），身体简单、透明，总共仅有 959 个细胞。从受精卵成长为成熟个体只需要三天半的时间。线虫的基因组（遗传物质）含有 1.4 万个基因，也是第一个完全被绘制并排序的动物基因组。

秀丽隐杆线虫的身体小而透明，研究人员可以定位具有特殊活跃发育基因的细胞。这些细胞在图像中会以鲜艳的绿点表示出来，这是因为细胞已经经过基因改造，形成一种绿色的荧光蛋白（简称 GFP）。人类已经弄清了秀丽隐杆线虫神经系统完整的"布线图"，也包括所有的神经元以及神经元之间的连接。研究获得的线虫基因和发育的很多知识对于研究其他动物也大有裨益。

环节蠕虫分为哪些主要种群？

环节蠕虫属于环节动物门，身体左右对称、呈管状，有 100 ～ 175 个环形分节。环节蠕虫的三大类别为：1）多毛纲，沙蚕和管虫；2）寡毛纲，蚯蚓；3）蛭纲，水蛭。

蚯蚓对人类有什么益处？

蚯蚓有助于保持土壤肥沃。正如它的名字 earthworm，意思是"泥虫"，蚯蚓依靠钻地吃泥土和腐烂的植物生存。随着它的移动，土壤得到翻转、与空气充分接触，还得到了氮废物的养分。查尔斯·达尔文计算出，一只蚯蚓每天能够吃掉与自己同等重量的泥土。吃掉的泥土大部分排泄在土层表面。随后，这些虫子通过挖掘再次将排泄物埋藏起来。此外，达尔文声称，2.5 英亩（1 公顷）的土壤中可能含有 15.5 万只蚯蚓，一年可为地表增加 18 吨土壤，20 年可铺上 3 英寸（8 厘米）厚的新土层。

最大的水蛭有多大?

大多数水蛭长度在 0.75 ~ 2 英寸（2 ~ 5 厘米）之间，但是有些"药用"水蛭的长度达 8 英寸（20 厘米）。亚马孙巨人水蛭（Haementeriam ghilanii，源自希腊语"haimateros"，意为"血腥的"）长度达 12 英寸（30 厘米），是水蛭中不折不扣的巨人。

为什么水蛭具有很高的药用价值?

水蛭从古代起便应用于医学领域。19 世纪，受身体不适与发热是由于血液过多这种错误观念的误导，水蛭普遍用于为病人放血。在这一时期，水蛭的采集和培养达到了商业规模。威廉·华兹华斯（William Wadsworth，1770—1850）的诗作《蚂蟥收集者》描写的就是水蛭的这一用途。

医用水蛭可以用来清理组织内由于受伤或生病而淤积的血液。它也用于重接手指或脚趾的外科手术。水蛭的吮吸打通小血管，使血液得以在体内正常流动。水蛭唾液腺分泌的水蛭素可用作抗凝素，防止血液结块，并溶解已经存在的血块。其唾液中的其他成分可以扩张血管，起到麻醉作用。一只医用水蛭可以吸收自身重量 5 ~ 10 倍的血液。完全消化这些血液需要很长时间，因此这些水蛭每年只需喂食一两次即可。

软体动物与棘皮动物

软体动物分为哪几大类？

软体动物分为四大类：1）多板纲；2）腹足纲，例如蜗牛、蛞蝓和裸鳃动物；3）双壳钢，例如蛤蚌、牡蛎和贻贝；4）头足纲，例如鱿鱼与章鱼。虽然外表各不相同，但大多数软体动物都有以下几部分：1）肌肉发达的足部，通常用来运动；2）内脏团，其中有大多数内脏；3）外套膜——覆盖内脏块的组织褶皱，可分泌贝壳（在有外壳的生物体中）。

蜗牛的速度有多快？

许多蜗牛的移动速度不到3英寸/分钟（8厘米/分钟）。这就意味着，如果一只蜗牛不休息不进食，不停地移动，每小时可移动16英尺（4.9米）。

头足类动物有多少触手？

头足类动物有8条触手或手臂，鱿鱼有10条触手，而有眼鹦鹉螺的触手多达90条。

🔵 章鱼有8条触手，而鱿鱼有10条触手，两者均属于头足类动物

淡水蛤蚌属于濒危物种吗？

虽然淡水蛤蚌出现在除了南极洲的世界各地，但现在却成了世界上濒临灭绝程度最高的动物之一。在北美，珠蚌科大约有 270 个物种。而由于人类对水生环境的影响、商业捕捞、鲤鱼的引入、水污染以及斑马纹贻贝的入侵，270 个北美物种中的 72% 近年来被列为灭绝、濒临灭绝、受到威胁或特别关注的物种。

斑马纹贻贝对北美洲的水道产生了什么影响？

斑马纹贻贝是一种黑白条纹相间的双壳软体动物。它们身负硬壳，丝足线附着在坚硬的表面。斑马纹贻贝可能是在 1985 或 1986 年国外船只排放压仓水时进入北美的圣克莱尔湖的。它们遍布五大湖、密西西比河，向东直到哈得孙河。世界上各个水道的进水口、管道以及热交换器中均出现了密密麻麻的斑马纹贻贝。它们会阻塞发电厂、工业区和公共饮水系统的进水口；弄脏船壳和发动机的冷却水系统，扰乱水生态系统。人们不得不手工清理水处理设备，来清除这种贻贝。由于繁殖速度极快，四处游动的幼虫快速生长，缺乏食物方面和领地方面的竞争对手和天敌，斑马纹贻贝对于地表水资源的威胁很大。

珍珠是如何形成的？

珍珠是在海水牡蛎和淡水蛤蚌体内形成的。这些软体动物的体内有一种窗帘样的外套膜组织。在贝壳形成的特定阶段，有些外套膜上的细胞能够分泌珍珠质（珍珠母）。珍珠就是牡蛎对外来物（如壳内的一粒沙或一个寄生虫）做出反应的产物。牡蛎围绕外来物分泌薄薄的珍珠质，压制住入侵者，最终把它变成一颗珍珠。珍珠层由碳酸钙和珍珠蛋白交替成层。人工将刺激物植入牡蛎体内产生的珍珠称为养殖珍珠。

大多数养殖珍珠是由哪种软体动物生产的？

淡水与海洋软体动物均能够生产养殖珍珠。世界上大多数的养殖珍珠（也称淡水珍珠）是由珠蚌科的淡水河蚌生产的。主要的咸水珍珠生产者是 3 种珠母贝属牡蛎：覆瓦珠母贝、大珠母贝和黑蝶珠母贝。

节肢动物：甲壳动物、昆虫与蜘蛛

为什么节肢动物是生物学上进化得最成功的动物门类？

节肢动物的特点是具有分节的附肢以及甲壳质的外骨骼。目前，科学界已知的节肢动物有 100 多万种。许多生物学家相信，另有数百万种节肢动物有待发现。节肢动物是生物学上最成功的动物门类，因为它们的种类最为繁多，栖息地的分布范围也最为广泛。

节肢动物的数量有多大？

动物学家估计，全世界节肢动物的个体数量包括甲壳类、蜘蛛和昆虫在内，大约有 1000 万亿。有过描述的节肢动物有 100 多万种，其中昆虫占绝大多数。事实上，地球上每三种已知生物体中就有两种是节肢动物。它们出现在生物圈的几乎所有栖息地里面。大约 90% 的节肢动物是昆虫，而约半数的已命名昆虫是甲壳虫。

昆虫分为多少种类？

据估计，人类可识别的昆虫种类在 75 万到近 100 万种；然而，有些科学家认为，这些数字还不及世界上昆虫数量的一半呢。每年都会有 7000 种全新的昆虫被发现、描述，但每年因栖息地（主要是热带雨林）破坏而灭亡的昆虫种类数量仍不得而知。

蜈蚣真有 100 条腿？
千足虫有 1000 多条腿吗？

唇足纲动物（一般也被混称为〝蜈蚣〞）的步足对数通常为奇数，从 15 ～ 171 对不等。真正的蜈蚣目蜈蚣有 21 或 23 双腿。家中常见的〝蜈蚣〞（蚰蜒）有 15 对足。蜈蚣都属于食肉动物，主要以昆虫为食。马陆（千足虫，属于倍足纲）有 30 对足或更多。它们属于食草动物，主要以腐烂的植物为食。

蓝色的龙虾有多罕见？

出现蓝色龙虾的概率仅为三千万分之一。其他的突变颜色还包括黄色和橙色。颜色奇怪的龙虾都是棕色龙虾基因突变的结果。

普通蜘蛛需要多长时间才能结成一张完整的网？

普通圆蛛结一张完整的网需要 30 ～ 60 分钟。这些隶属蜘蛛目的蜘蛛以各种方式使用蛛丝捕捉食物。大型的食鸟蜘蛛会使用简单的绊网捕食，而圆蛛结出的蜘蛛网结构复杂而又美丽诱人。有些种类的蜘蛛织出的网呈漏斗形，有些蜘蛛群体会织出公用蜘蛛网。

一张完整的蜘蛛网从最初的结构延伸出数条轴线。蜘蛛网轴线的数量和材质取决于蜘蛛种类。蜘蛛把坏了的丝线集中在网前，并在原网后织出新网。由于会失去黏性（无法困住猎物），圆蛛的网必须数天更换一次。

织在空中的最大和最小的蛛网分别是哪种蜘蛛的？

络新妇属的热带圆蛛织出的网最大，周长可达 18.9 英尺（6 米）。雕纹棉蜘蛛织出的网最小，面积约为 0.75 平方英寸（4.84 平方厘米）。

蜘蛛能产多少卵？

不同种类的蜘蛛产卵数量各不相同。一些体形较大的蜘蛛可产 2000 多个卵，而许多小蜘蛛终生只产一到两个卵，最多不超过 12 个。中等体形的蜘蛛产卵 100 个左右。大多数蜘蛛会一次产下所有的卵，并密封在一个卵鞘内；有的蜘蛛分数次产卵，并密封在许多卵鞘内。

🟢 黑寡妇蜘蛛的腹部具有独特的红色沙漏标记。虽然被有毒的黑寡妇蜘蛛叮咬后，会有强烈的痛感，但受害者的死亡率还不到 1%

蜘蛛真的非常危险吗？

大多数蜘蛛都是无害的，非但不危险，反而是人类在控制昆虫的持久战中的盟友。许多蜘蛛捕猎时释放的毒液通常对人体无害。但是，有两种蜘蛛的叮咬能够产生严重的后果，甚至致命——黑寡妇蜘蛛（红斑寇蛛）和褐皮花蛛（棕隐士蛛）。黑寡妇蜘蛛呈黑亮色，腹部下侧带有鲜红色的"沙漏"。它的毒液能够毒害神经，影响神经系统。在报道的 1000 起黑寡妇蜘蛛叮咬中，有 4 起导致死亡。褐皮花蛛背部条纹呈小提琴形状，它的毒液可溶于血液中，导致伤口周围组织和皮肤死亡，症状从轻微到严重不等，有时会导致死亡。

雄性蚊子叮人吗？

不会。雄性蚊子以植物汁液、含糖树液和腐烂液体为生。它们与雌蚊不同，没有能够穿透人体皮肤的嘴。有些种类的雌蚊可排出多达 200 个卵，在排卵过程中需要血液。正是这些蚊子叮咬人类和其他动物。

被黑寡妇蜘蛛叮咬后应采取什么急救措施？

黑寡妇蜘蛛（红斑寇蛛）遍布美国各地。人体被叮咬后，会身中剧毒，但是并没有有效的急救措施。人体被叮咬后，最初会有针刺感，伴有麻木痛感，随后伤口肿胀。症状的严重程度取决于患者的年龄、体形和敏感度。可通过在伤口处放置冰块来缓解疼痛。蜇咬后 10 ~ 40 分钟内，伤者会出现严重的腹痛、胃部肌肉僵硬、四肢肌肉痉挛、逐渐麻痹，可能会出现吞咽和呼吸困难。虽然死亡率不到 1%，但是每个伤者都应及时就诊；老幼及过敏患者风险最大，可能需要住院治疗。

我们身边的生命

钢铁和蜘蛛网丝哪个更牢固?

蜘蛛网丝更牢固。蜘蛛网丝以牢固和弹性好而为人所知,最牢固蛛丝的抗张强度仅次于熔融石英纤维,是同等重量钢铁强度的 6 倍。抗张强度指物质在不断裂的前提下能够承受的纵向应力。

生物学上的"臭虫"指的是什么?

生物学中的"臭虫(bug)"要比通常所说的臭虫严格得多。人们经常把所有昆虫都称为"臭虫",甚至也包括细菌、病毒等生物体和计算机程序中的小故障。从最严格的生物学角度讲,"臭虫"属于半翅目生物,又名蝽。半翅目生物包括:臭虫、南瓜虫、椿象和水黾。

经鉴定并分类的昆虫种群中,种类最多的是哪个?

已经鉴定并分类的种类最多的昆虫种群是鞘翅目昆虫(甲壳虫、象鼻虫和萤火虫),有 35 万~ 40 万个种。甲壳虫是地球上的优势物种,每 5 个现存物种中就有 1 个是甲壳虫。

哪种昆虫的嗅觉最佳?

雄性大蚕蛾拥有世界上最佳的嗅觉。它们能够在近 7 英里(11 千米)外的地方闻到雌性的气味。

昆虫变态分为哪几个阶段？

昆虫变态（生长过程中显著的结构变化）分为两种：完全变态和不完全变态。完全变态的昆虫（如蚂蚁、飞蛾、蝴蝶、白蚁、黄蜂或甲壳虫）会经历各个显著的生长阶段，成长为成年昆虫。而不完全变态的昆虫（如蝗虫、蟋蟀或虱子）不会经历完全变态的所有阶段。

完全变态
卵——一次生产一枚或多枚卵（可多达1万枚）。
幼虫——幼虫由卵孵化而来，外表与蠕虫相像。
蛹——幼虫长大后，会进行休眠，并长出保护自己的外壳或蛹壳。有些昆虫（如飞蛾）结出的坚硬外壳叫作茧。休眠中的昆虫又名蛹，它的休眠时间可以是数周或几个月。
成虫——在休眠的同时，昆虫身体的某些部分也会生长。身体成熟之后，成虫就会破茧而出。

不完全变态
卵——产下一枚或多枚卵。
早期若虫——孵化出的若虫除体形略小外，与成虫相似。但是，正常带翅的昆虫尚未长出成熟的翅。
晚期若虫——在这段时期，昆虫开始蜕皮，开始出现翅。
成虫——昆虫完全成形。

哪些昆虫对人类有益？

蜜蜂、黄蜂、苍蝇、蝴蝶、飞蛾和其他授粉昆虫都属于有益昆虫。许多果树和蔬菜都依赖传粉昆虫才能产生种子。昆虫也是鸟类、鱼类和许多动物的重要食物来源。在有些国家，白蚁、毛毛虫、蚂蚁和蜜蜂等昆虫可作为食物端上餐桌。从昆虫获取的产品包括蜂蜜、蜂蜡、虫胶和丝绸。像螳螂、瓢虫和草蛉等一些捕食者也以其他有害昆虫为食。

动物世界

ANIMAL WORLD

寄生在有害昆虫体内或体表的寄生虫也有益人类。例如，有些黄蜂会将卵产在损害西红柿的毛毛虫体内。

萤火虫是如何发光的？

萤火虫发出的光是一种叫作生物荧光的冷光源，通过化学反应产生。荧光素碰到荧光素酶时会氧化，氧化的化学物质产生高能量，放出可见光，随后恢复正常。萤火虫闪的光就是这种可见光。这种闪光受神经系统的控制，在一种特殊的发光细胞内进行。闪光频率受神经系统、发光细胞和气管端器官控制，此外似乎也与空气温度相关。温度越高，闪光间隔越短——65 °F（18.3℃）时闪光间隔为 8 秒钟，82 °F（27.8℃）时则为 4 秒钟。科学家们无法确定闪光的原因。萤火虫可通过间歇闪光吸引猎物，交配期的萤火虫可以发出特定的闪光信号（因物种而异），也能发出预警信号。

世界上什么昆虫的破坏力最强？

出现在《圣经》中的蝗虫——沙漠蝗是世界上破坏力最强的昆虫。它栖息在非洲和中东的干旱、半干旱地区，贯穿巴基斯坦和印度北部。这种短角蝗虫一天内就能吃掉与自身重量相等的食物，而在长途迁徙飞行中，一大群蝗虫每天可消灭掉 1800 多万千克的粮食与植物。

舞毒蛾幼虫是否有天敌？

大约有 45 种鸟类、松鼠、金花鼠和白足鼠捕食这种泛滥成灾的害虫。在引进的 13 种舞毒蛾的天敌中，寄蝇能够寄生在幼虫身上。除了喷洒毒药和雄性绝育法外，其他寄生虫和各种黄蜂也能用来控制舞毒蛾的繁殖与扩散。

蝴蝶与蛾有什么不同？

特点	蝴蝶	蛾
触须	突出	不突出
活动时间	白天	夜晚
颜色	鲜艳	暗淡
休息时翅膀的位置	直立在身体上	收拢并贴在身体两侧

尽管通常情况下是这样，但也有例外。蛾的身体多毛，许多蛾长有将前后翼连接起来的小钩或刚毛；蝴蝶不具备这两个特征。

蝴蝶能分辨颜色吗？

蝴蝶具有高度发达的感知能力，并且具备动物中最宽的视觉光谱，能够辨认光谱中从红色到接近紫外线的所有颜色。因此，它们能够分辨人类看不到的颜色。

一个蜂群有多少只蜜蜂？

一个蜂群通常有5万～7万只蜜蜂，每年可产蜂蜜60～100磅（27～45千克）。其中略多于1/3的蜂蜜需要留在蜂巢中，维持蜂群生存。

蜜蜂需要采多少朵花才能生产1磅蜂蜜？

蜜蜂必须采200万朵花，收集4磅（1.8千克）花蜜才能生产1磅（454克）蜂蜜。蜂蜜的采集通常由工蜂完成。工蜂寿命为3～6周，其间可收集1茶匙花蜜。

谁发现了"蜜蜂舞"？

1943 年，卡尔·冯·弗里希（ Karl von Frisch，1886—1982）发表了关于蜜蜂舞的研究成果。侦察蜂（工蜂）返回后，会在蜂巢做出一系列动作，这些动作精准无比，旨在告知蜂巢中的其他工蜂食物的方向和距离。已识别的蜜蜂舞有两种：圆舞（食物较近时）和摇摆舞（食物较远时）。

跳蚤为什么能跳那么远？

蚤类昆虫的跳跃能力来源于其强劲的腿部肌肉和一种叫作"节肢弹性蛋白"的橡胶状蛋白质。节肢弹性蛋白位于跳蚤后腿的上方。跳蚤在跳跃前，会蹲伏身体，挤压节肢弹性蛋白，随后放松某些肌肉。蛋白中存储的能量就像弹簧，将跳蚤弹到远处。跳蚤水平和垂直方向的跳跃能力均极佳。有些种类的跳跃距离可以达到自身长度的 150 倍，相当于人一次性跳出 2.25 个足球场的距离，或 100 层楼的高度。常见的跳蚤已知可以跳 13 英寸（33 厘米）远，7.25 英寸（18.4 厘米）高。

蚂蚁可以搬动多重的物体？

蚂蚁是动物界的"超级举重运动员"。它们的强壮与体形有关，蚂蚁可承载自身体重的 10 ~ 20 倍——有些甚至是体重 50 倍的东西。蚂蚁可负载这些物体长距离爬行，甚至还能爬树。这就相当于一个体重 100 磅（约 45.4 千克）的人背负一辆小汽车，行走十几公里后再背负着汽车攀登世界最高峰。

飞行是怎样帮助昆虫成功的?

飞行是昆虫成功的关键因素。会飞的动物能够摆脱捕食者、寻找食物和交配伴侣,并且迁移到新的栖息地的速度也要比陆地上的爬行动物快得多。

为什么有些生物学家认为昆虫是最成功的动物?

从多样性、地理分布、种群数量和个体数量来说,昆虫是地球上最成功的动物群体,有描述的昆虫就有 100 多万种(或许还有数百万种尚待识别)。人类已经认识的昆虫种类要比其他动物种类的总和还要多。昆虫通过绝对的数量弥补了形体上的缺陷。如果对世界上所有的昆虫进行称重,其重量将超过其他陆地生物的总重量。同一时刻,地球昆虫的数量是人口数量的大约 2 亿倍。

英语中描述动物群体的单词都有哪些?

动物	群体名称
蚂蚁	Nest,army,colony,state 或 swarm
蜜蜂	Swarm,cluster,nest,hive 或 erst
毛毛虫	Army
鳗鱼	Swarm 或 bed
鱼	School,shoal,haul,draught,run 或 catch
苍蝇	Business,hatch,grist,swarm 或 cloud
青蛙	Arm
小昆虫	Swarm,cloud 或 horde
金鱼	Troubling

动物	群体名称
蚱蜢	Cloud
大黄蜂	Nest
水母	Smuck 或 brood
虱子	Flock
蝗虫	Swarm，cloud 或 plague
小鱼	Shoal，steam 或 swarm
牡蛎	Bed
沙丁鱼	Family
鲨鱼	School 或 shoal
蛇	Bed，knot，den 或 pit
白蚁	Colony，nest，swarm 或 brood
蟾蜍	Nest，knot 或 knab
鳟鱼	Hover
乌龟	Bale 或 dole
胡蜂	Nest，herd 或 pladge

鱼类、两栖动物和爬行动物

什么是软骨鱼？

软骨鱼指具有软骨质骨骼而非骨质骨骼的鱼类。它包括：鲨鱼、鳐鱼和魟鱼。

一共有多少种鲨鱼? 危险的鲨鱼有多少种?

联合国粮农组织列出了 354 种鲨鱼,长度从 6 英寸(15 厘米)到 49 英尺(15 米)不等。尽管已知有 35 种鲨鱼袭击过人类至少一次,其中只有 12 种经常袭击人类。较罕见的大白鲨是最大的掠食性鱼类。精确测量的最大标本长 20 英尺又 4 英寸(6.2 米),重 5000 磅(2270 千克)。

什么是"美人鱼的钱包"?

"美人鱼的钱包"是一种鲨鱼、鳐鱼和虹鱼产卵孵化后留下的空卵囊。这种卵囊为皮质,呈长方形,长长的卷须从四角伸出,将卵囊固定在海藻或岩石上,在 6 ～ 9 个月的胚胎孵化期内保护胚胎。经常会有空卵囊冲到海滩上。

鲨鱼袭击发生在距海岸多远的地方?

一项对 570 起鲨鱼袭击的研究发现,多数鲨鱼袭击发生在近海区域。由于大多数下水的人并不会远离海岸,所以这一数据并不令人吃惊。

离海岸距离	鲨鱼袭击比例	该距离内游泳人数比例
50 英尺(15 米)	31	39
100 英尺(30 米)	11	15
200 英尺(60 米)	9	12
300 英尺(90 米)	8	11
400 英尺(120 米)	2	2
500 英尺(150 米)	3	5
1000 英尺(300 米)	6	9
1 英里(1.6 千米)	8	6
>1 英里(>1.6 千米)	22	1

动物世界

ANIMAL WORLD

鲨鱼的牙齿有何不同寻常之处?

鲨鱼是最早进化出牙齿的脊椎动物之一。它的牙齿长在颌的上部而不是颌内,而且并不坚固,容易脱落。鲨鱼牙齿排列为 6 ～ 20 排不等,前边数排用来撕咬、切割,后边则生长着其他牙齿。如果一个牙齿断掉或磨损,替补牙齿会自动前移。一条鲨鱼一生中可能会生长、使用2 万颗牙齿。

🟢 上图为黑鳍鲨(左)和铰口鲨。黑鳍鲨是最危险的鲨鱼之一,而铰口鲨则较为温顺

鲸鲨属于哺乳动物还是鱼类?

鲸鲨不是鲸,而是鲨鱼,因此属于鱼类。"鲸鲨"的名字仅仅表明它是体形最大的一种鲨鱼,也是世界上最大的鱼类(重 4 万磅 /18,144千克,长度可达 49 英尺 /15 米)。但是,鲸鲨对人类完全无害。

鱼类具有哪些共同特点？

所有鱼类都具有以下特点：1）拥有在水中获取氧气的鳃；2）拥有内骨骼，背神经索由皮肤覆盖；3）单环路循环系统，血液从心脏抽送到鳃部，流经身体其他部分后再回到心脏；4）营养缺乏，尤其是一些无法合成的必需氨基酸。

如何确定一条鱼的年龄？

确定鱼类年龄的一种方法是观察它的鱼鳞。鱼类同树木一样，也有"年轮"。鱼鳞上带有同心的骨脊（轮纹），可以体现出每条鱼的生长情况。嵌入皮肤内的鱼鳞含有成簇的脊线（叫作"轮环"），每簇表示 1 年的生长周期。

鱼类成群游动时怎么做到同时转向？

由于鱼类察觉到了水中压力的变化，所以才做出这一迷惑捕食者的动作。鱼类的身体两侧存在一种叫作"侧线"的探测系统。沿侧线排列着多簇纤毛，纤毛位于充满类凝胶物质的杯状结构内。如果一条鱼警觉并突然转向，就会导致周围水中出现压力波，使邻近鱼类侧线内"凝胶"变形。这样就会触动连接神经的纤毛，向大脑发送信号，告诉鱼类转向。

鱼类的游动速度是多少？

鱼类的最大游速在某种程度上是由它的体形、尾巴形状和体温决定的。遍布世界各地的旗鱼是游速最快的鱼类（至少在短距离内），其速度可达 60 英里 / 小时（95 千米 / 小时）以上。然而，有些渔民认为蓝鳍金枪鱼的速度最快，但蓝鳍金枪鱼的最快纪录为 43.4 英里 / 小时（69.8 千米 / 小时）。黄鳍金枪鱼和棘鲹的速度也很快，在 10 ~ 20 秒的冲刺中，速度分别为 46.35 英里 / 小时（74.5 千米 / 小时）和 47.88 英里 / 小时（77 千米 / 小时）。飞鱼的游速超过了 40 英里 / 小时（64 千米 / 小时），海豚速度为 37 英里 / 小时（60 千米 / 小时），鳟鱼为 15 英里 / 小时（24 千米 / 小时），鲇鱼为 5 英里 / 小时（8 千米 / 小时）。人类的游泳速度可达到 5.19 英里 / 小时（8.3 千米 / 小时）。

电鳗可以产生多少电？

电鳗的脊柱几乎贯穿整个身体，其产生电流的器官由脊柱两侧的电板组成。电鳗通过中枢神经系统释放平均 350 伏、最高 550 伏的电压。电击由 4 ~ 8 股单独电流组成，每股通常仅持续 2‰ ~ 3‰ 秒。电击可用作防御机制，电鳗每小时可重复 150 次电击，不显任何疲惫的迹象。电力最强劲的电鳗出现在巴西、哥伦比亚、委内瑞拉和秘鲁的河流中，产生的电压可达 400 ~ 650 伏。

"两栖动物"一词是什么意思？

两栖动物（Amphibian）一词源自希腊语"amphibian"，意为"双生"，用以指代动物在陆地和水中的双重生活。两栖动物通常的生命周期从水中产卵开始；而后卵会发育成带有外鳃的水生幼体；类似鱼的幼体会长出肺和四肢，变为成体。这个过程正好跟这类动物的进化过程相似。

两栖动物分为哪几大类？

下表列出了三大类两栖动物。

例子	目	现存种类数量
青蛙和蟾蜍	无尾目	3450 种
火蜥蜴和蝾螈	有尾目	360 种
蚓螈	无足目	160 种

爬行动物和两栖动物有什么不同？

爬行动物体表带有鳞片、甲壳或骨板，它们的足趾有爪；两栖动物具有潮湿的腺状皮肤，足趾没有爪。爬行动物的卵外壳坚硬、厚重，像羊皮纸一样，可以保护发育中的胚胎，即使在干旱土地上也不会失水。两栖动物的卵则没有这种保护性外壳，通常产在水中或潮湿的地方。除颜色或花纹存在差异，单从外表上讲，爬行动物幼体就是其父母的迷你版。两栖动物幼体在变态发育（形体与结构变化）之前，会经历幼体水生阶段。爬行动物包括短吻鳄、鳄鱼、乌龟和蛇。两栖动物则包括火蜥蜴、蟾蜍和青蛙。

爬行动物的哪些特点使它们成为真正的陆地脊椎动物？

爬行动物的腿部要比两栖动物的腿更有力量，可以有效地支撑身体，使得爬行动物的身体可以更大，具有奔跑的能力。爬行动物的肺部也比两栖动物发育更完善，与后者囊状肺部相比，用于气体交换的表面积大大增加。同样为三腔心脏，爬行动物的心脏比两栖动物的效能更高。此外，它们的皮肤也覆盖着坚硬、干燥的鳞片，使水分损失降至最低。但是，爬行动物最重要的进化是羊膜卵的出现，羊膜卵内的胚胎能够在陆地上生存和发育。卵由一层防止胚胎脱水的保护壳覆盖。

ANIMAL WORLD

现存的爬行动物分为哪几类？

现存的爬行动物三目为：1）龟鳖目，包括乌龟、水龟和陆龟；2）有鳞目，包括蜥蜴和蛇；3）鳄目，包括鳄鱼和短吻鳄。

哪种陆地蛇的速度最快？

黑曼巴蛇是一种致命的非洲毒蛇，长度可达 13 英尺（4 米）。据记载，它的速度可达到 7 英里 / 小时（11 千米 / 小时）。作为一种攻击性极强的毒蛇，黑曼巴在高速追击猎物时，身体前部会高高竖起。

乌龟的上壳、下壳分别叫作什么？

龟鳖目乌龟的壳是一种保护装置。龟壳叫作鳞甲，它的上壳叫作背甲，下壳叫作腹甲。背甲和腹甲在乌龟体侧相连。

💬 上图中，林龟的上壳名为"背甲"，下壳名为"腹甲"

鳄鱼在陆地上的速度有多快？

小型鳄鱼在奔跑中可以跳跃，速度可达 2 ~ 10 英里 / 小时（3 ~ 17 千米 / 小时）。

鸟类

英语中表示各种鸟群的单词有哪些？

在英语中，一群鸟通常称为鸟群（congregation、flight，、flock、volery 或 volley）。以下列出了各种鸟类鸟群的名称。

鸟	鸟群名称
麻鸦	Siege 或 sedge
虎皮鹦鹉	Chatter
鸡	Flock，run，brood 或 clutch
黑鸭	Fleet 或 pod
鸬鹚	Flight
鹤	Herd 或 siege
乌鸦	Murder，clan 或 hover
麻鹬	Herd
鸽子	Flight，flock 或 dole
鸭子	Paddling，bed，brace，flock，flight 或 raft
老鹰	Convocation
鹅	Gaggle 或 plump（onwater），flock（onland），skein（inflight）或 covert
金翅雀	Charm，chattering，chirp 或 drum
松鸡	Pack 或 brood
海鸥	ColonyHawks
猎鹰	Cast
母鸡	Brood 或 flock

鸟	鸟群名称
苍鹭	Siege，sege，scattering 或 sedge
松鸦	Band
云雀	Exaltation，flight 或 ascension
喜鹊	Tiding 或 tittering
绿头鸭	Flush，sord 或 sute
夜莺	Watch
鹧鸪	Covey
孔雀	Muster，ostentation 或 pride
企鹅	Colony
野鸡	Nye，brood 或 nide
家鸽	Flock 或 flight
珩科鸟	Stand，congregation，flock 或 flight
鹌鹑	Covey 或 bevy
麻雀	Host
椋鸟	Chattering 或 murmuration
鹳	Mustering
燕子	Flight
天鹅	Herd，team，bank，wedge 或 bevy
水鸭	Spring
火鸡	Rafter
斑鸠	Dule
啄木鸟	Descent
鹬鹬	Herd

所有的鸟都会飞吗?

不是。在不会飞的鸟中,人们最熟悉的是企鹅和平胸鸟类。平胸鸟类包括鸸鹋、几维鸟、鸵鸟、美洲鸵和食火鸡。由于胸骨中没有龙骨突,这些鸟统称为平胸鸟类。尽管都有翅膀,这些鸟却早在几百万年前就丧失了飞行能力。许多生活在大洋孤岛上的鸟类(如大海雀)由于没有天敌,用于逃生的翅膀逐渐废弃,从而失去了飞行能力。

为什么鸟类羽毛的颜色不一样?

鸟类羽毛鲜艳的色彩分为两种:色素色与结构色。红色、橙色和黄色的羽毛是由一种叫作"脂色素"的染料染成的。这种色素形成时就存储在羽枝内。黑色、褐色和灰色则来自另一种叫作"黑色素"的染料。蓝色羽毛的出现不是因为色素,而是较短的蓝色光波受到羽毛内的粒子散射的结果。这种就属于结构色羽毛。而绿色通常为黄色染料与蓝色羽毛结构综合作用的产物。另一种结构色就是许多鸟类美丽的彩虹色,包括由红色、橙色、铜色、金色、绿色、蓝色和淡紫色组成的色彩范围。彩虹色的出现是光波之间干扰,互相加强、减弱或抵消的结果。彩虹色会随着观察角度的不同而改变。

什么鸟的翼展最大?

三种信天翁科鸟类——漂泊信天翁、王信天翁和阿岛信天翁有鸟类最大的翼展,展开时可达 8 ~ 11 英尺(2.5 ~ 3.3 米)。

ANIMAL WORLD

蜂鸟翅膀振动的速度有多快？

蜂鸟是唯一能够在静止空气中盘旋任意时间的鸟类。只有这样，它们才能逗留在鲜花前，巧妙地将细长锋利的鸟喙探入花中，饮用花蜜。它们薄薄的翅膀并非机翼形状，产生升力的原理也不同。蜂鸟的翅膀呈桨形，实质是肩膀上转动的"手"。蜂鸟拍打翅膀时，翅膀末梢画出的线条像一个侧躺的数字8。翅膀向前向下挥动，划出"8"的上半部分，产生升力。翅膀开始抬起往回滑动时，就会翻转180度，再次产生向下的推力。

然而，蜂鸟的飞行方式有一个主要的缺陷：要产生足够的下推力，翅膀越小，扇动的速度必须越快。普通大小的蜂鸟每秒扇动翅膀25次。有些小蜂鸟每秒要扇动翅膀50 ～ 80次，在求偶时速度甚至更快。原产于古巴的吸蜜蜂鸟只有2英寸（5厘米）长，翅膀每秒扇动200次，令人惊叹。

蜂鸟的飞行速度有多快？
能够迁徙多远？

蜂鸟的飞行速度可达71英里／小时（80千米／小时）。一只红褐色蜂鸟曾经从亚利桑那州的拉姆齐大峡谷飞到华盛顿州的圣海伦火山附近，全程共计1414英里（2277千米），这是有记载的蜂鸟最长的迁徙飞行。人们通过给鸟足套上环志来确认，有些红褐色蜂鸟确实沿名为华达大盆地飞行了1.1万 ～ 1.15万英里（17 699 ～ 18 503千米）。这一旅程往返需用时1年。然而，人们极少能够找到系环志的蜂鸟，因此要完成这项研究十分困难。

鸟类的飞行速度有多快?

不同的鸟类飞行速度也不相同。下表列出了一些鸟类的飞行速度:

鸟类	飞行速度（单位：英里 / 小时；千米 / 小时）
游隼	168 ~ 217；270.3 ~ 349.1
雨燕	105.6；169.9
秋沙鸭	65；104.6
金斑鸻	50 ~ 70；80.5 ~ 112.6
野鸭	40.6；65.3
漂泊信天翁	33.6；54.1
小嘴乌鸦	31.3；50.4
银鸥	22.3 ~ 24.6；35.9 ~ 39.6
麻雀	17.9 ~ 31.3；28.8 ~ 50.4
丘鹬	5；8

为什么鸟类每年都会迁徙?

鸟类的迁徙行为是遗传而来的。然而，只有在一定的生理和环境刺激下，鸟类才会迁徙。夏末时节，光照时间的减少会刺激候鸟的脑垂体和肾上腺，分别分泌出催乳素和皮质酮。这些激素使鸟儿在皮肤下积蓄大量的脂肪，为长途迁徙提供充足的能量。此外，激素也导致鸟儿在迁徙前焦躁不安。然而，具体的出发时间不仅仅取决于光照减少和激素变化，还包括食物获取、天气转冷等一些条件。

一些鸟类专家提出，鸟类返回北方繁殖的原因包括以下几点：1）鸟类返回鸟巢，因为那里有大量喂养雏鸟所需的昆虫。2）北半球的夏季，纬度越高的地区，白昼越长，鸟类为雏鸟觅食的时间就越长。3）北方对食物和筑巢地点的竞争较少。4）在北方，捕食筑巢鸟（在筑巢阶段尤其脆弱）的哺乳动物较少。5）鸟类向南方迁徙是为了躲避寒冬，当天气温和后会返回北方。

哪种鸟迁徙的距离最远？

北极燕鸥是迁徙距离最远的鸟类。它们在亚北极区和北美、亚欧大陆的北极区范围内繁殖。在北半球的夏末，北极燕鸥就会离开北半球向南极迁徙，总行程超过 1.1 万英里（17 699 千米）。7 月份，人们标记了一只俄罗斯北极海岸上的燕鸥；这只燕鸥在第 2 年 5 月出现在澳大利亚弗里曼尔特附近，创下了 1.4 万英里（22 526 千米）的飞行纪录。

为什么大雁会排队飞行？

空气动力学家曾经猜测，大雁和天鹅等长距离迁徙的鸟类采用 V 字阵形是为了减少长途飞行需要的能量。根据理论计算，鸟类排成 V 字飞行时能比单独飞行时多飞 10% 的距离。排队飞行会减少阻力（两翼需克服的气压）。这种效果类似于在上升热气流中飞行，所需的总提升力也会减少。此外，所有的鸟在飞翔过程中，都会在身后形成小范围的气流波动区，紧跟其后的鸟就会卷入气流。在加拿大大雁的 V 字阵形中，鸟类并非紧跟在前方大雁身后，而是在其侧翼或上方位置。

鸟类与恐龙有什么关系？

鸟类本质上是一种进化的带翅恐龙。19 世纪 70 年代，罗伯特·T. 巴克（Robert T.Bakker，1945—）与约翰·H. 奥斯特罗姆（John H.Ostrom，1928—2005）对两者的关系进行了深入研究，并得出结论：恐龙化石除了没有翅膀外，小型恐龙的骨性结构与始祖鸟（最早的鸟类动物）非常相似。他们认为，鸟类和恐龙是由同源进化而来的。

为什么始祖鸟非常重要？

始祖鸟是人类已知的第一种鸟类。这种鸟拥有真正意义上的翅膀，可以保暖；它还能够用两翼围成凹形、捕捉猎物。

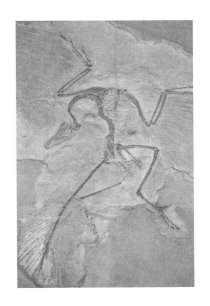

🔹 右图中始祖鸟化石的发现，支持了鸟类是从恐龙进化而来的理论

鸟类的听觉有多敏锐？

许多鸟类的听觉是除视觉之外最重要的感官。鸟类的耳朵紧贴身体，有羽毛覆盖。不过，这些羽毛中并没有细小的羽枝会阻隔声音。大角**鸮**等夜间动物的听觉高度发达，因此能够在黑夜中捕捉猎物。

鸟类是如何学会自己种群特有的旋律的？

鸟类学会一定的歌声的能力貌似受遗传和环境两方面的影响。科学家们推测，鸟类天生具有识别自己族群歌声的基因，还会学习自己种群的歌声。小鸟开始歌唱后，会经历练习阶段（类似于人类婴儿咿呀学语），逐渐完善特定歌声的音符和结构。要想模仿出完美的叫声，小鸟必须在出生后的 1 个月内，亲耳听到成年鸟的叫声。

帝企鹅孵卵的方式
有什么不同寻常之处?

每只雌性帝企鹅都会产下一个巨大的卵。最初，雄性和雌性企鹅会共同孵卵，用双足拖住卵并用皮肤褶皱覆盖。来回传递数天后，雌企鹅会外出到北冰洋的海水中进食。雄企鹅将卵平稳地放在脚上，在群栖处往来行走，在暴风雪和寒冷的天气中，它们会不时挤在一起取暖。如果卵因为疏忽而没有企鹅照料，没有卵的雄企鹅就会立刻收养它。雌企鹅在离开两个月后，企鹅雏鸟破壳而出。雄企鹅会用反刍的乳状物质喂养雏鸟，直到雌企鹅返回。堆积了厚厚脂肪的雌企鹅会接管雏鸟，用存储在嗉囊中的鱼喂养小企鹅。然而，雌企鹅并不会回到配偶身边，而是在雄企鹅之间游走，直到有雄企鹅允许它照料雏鸟。此时才轮到雄企鹅到开阔的水域捕食，补充孵卵期间损失的脂肪层。

哪种鸟蛋最大，哪种最小?

象鸟也称隆鸟或巨鸟，是马达加斯加一种已经灭绝的、不会飞行的鸟类。象鸟的蛋是人们已知的、最大的鸟蛋，有些蛋长达 13.5 英寸（34厘米），直径 9.5 英寸（24 厘米）。蛋最大的现存鸟类是非洲鸵鸟。这种鸟的蛋平均长 6 ~ 8 英寸（15 ~ 20 厘米），直径 4 ~ 6 英寸（10 ~ 15 厘米）。

牙买加小吸蜜蜂鸟的蛋最小，长度不到 0.39 英寸（1 厘米）。

通常来说，鸟类体形越大，产下的蛋也越大。然而，如果与体形相比，鸵鸟蛋是世界上最小的蛋之一，而蜂鸟蛋则是世界上最大的蛋之一。按照这一标准，新西兰几维鸟的蛋是所有现存鸟类中最大的蛋。几维鸟的体形如小鸡般大小，但鸟蛋的大小却堪比鸵鸟蛋。棕色几维鸟的蛋重量可达 1 磅（0.5 千克），为雌鸟体重的 14% ~ 20%。

企鹅有哪些天敌？

豹海豹是成年企鹅和幼年企鹅的主要天敌。在开阔水域游泳时，企鹅也会遭到虎鲸的捕杀。成年企鹅未妥善保护的企鹅蛋和雏鸟经常会被贼鸥和南极海鸟吞食。

为什么啄木鸟不会头疼？

啄木鸟的头骨极其坚硬，禁受得住喙敲击树木的力量。此外，它们还具有发达的颈部肌肉，可以支撑头部。

信鸽如何找到回家的路？

科学家们目前有两种假设来解释信鸽的归航，但均不能令所有的专家满意。第一种假设为"气味地图"。该理论认为，不同方向的风带有不同的气味，信鸽通过闻这些气味返回原出发地。例如，它们会认识到某种气味是由东风吹来的。如果向东移动，气味会告诉它向西飞回家。第二种假设认为，鸟类或许是根据地球的磁场得知家的位置。或许在未来，人们能证明这两种理论都解释不了鸟类的导航能力，也有可能综合这两种理论，得出合理的解释。

栖息在黑犀牛背上的鸟叫什么名字？

这种鸟叫牛椋鸟，为欧椋鸟的近亲。牛椋鸟只现于非洲，黄嘴牛椋鸟广泛分布于西非和中非的大部分地区，而红嘴牛椋鸟生活在从红海到纳塔尔的东非地区。

牛椋鸟长 7 ~ 8 英寸（18 ~ 20 厘米），身体呈咖啡褐色，以寄生在黑犀牛背部的 20 多种扁虱为食。牛椋鸟大部分时间都待在犀牛或羚羊、斑马、长颈鹿、水牛等其他动物身上，甚至还栖息在宿主身上。牛椋鸟与犀牛属于共生关系（两个生物体之间紧密联合，其中至少有一方受益）。犀牛免受扁虱的侵害，鸟儿得以饱食，这就是互利共生（两生物体均受益）。此外，牛椋鸟的视力要比近视的犀牛好很多。当危险临近时，它可以通过尖叫声和飞离向宿主发出预警。

为什么鸟儿栖息在电线上不会触电身亡？

一般说来，鸟儿仅仅栖息在电力传输线上并不会触电身亡。大多数鸟儿触电是因为张开了双翼，接通了两条通电的电线或者一条通电电线和一条地线；或者将变压器和接地金属线等其他部分连通成了电路。

美国是什么时候将白头海雕定为国鸟的？

1782 年 6 月 20 日，刚刚独立的美利坚合众国公民们将白头海雕采纳为他们的国徽。纹章艺术家最初描绘的鸟属于较大种群的鹰。然而到了 1902 年，美国国徽上的鹰的头部、尾巴已经出现了白色的羽毛。选择白头海雕并非毫无异议，本杰明·富兰克林就更倾向于野生火鸡。作为一个喜欢开玩笑的幽默人士，富兰克林认为火鸡虽然狡猾，却勇敢、聪明而谨慎。另一方面，他认为老鹰"道德败坏"，并且"生活态度不端"，喜欢从勤劳的鱼鹰那里偷鱼吃。他还发现老鹰是个懦夫，尽管体形比美洲食蜂鹟大得多，却一遭到对方的骚扰性进攻就逃之夭夭。

哺乳动物

英语中哺乳动物群的单词有哪些？

哺乳动物	群体名称
羚羊	Herd
猩猩	Shrewdness
驴	Pace，drove 或 herd
狒狒	Troop
熊	Sloth
海狸	Family 或 colony
野猪	Sounder
水牛	Troop，herd 或 gang
骆驼	Flock，train 或 caravan
驯鹿	Herd
牛	Drove 或 herd
鹿	Herd 或 leash
大象	Herd
麋鹿	Gang 或 herd
狐狸	Cloud，skulk 或 troop
长颈鹿	Herd，corps 或 troop
山羊	Flock，trip，herd，或 tribe
大猩猩	Band
马	Haras，stable，remuda，stud，herd，string，field，set，team 或 stable

哺乳动物	群体名称
长耳大野兔	Husk
袋鼠	Troop，mob 或 herd
豹子	Leap
狮子	Pride，troop，flock，sawt 或 souse
老鼠	Nest
猴子	Troop 或 cartload
驼鹿	Herd
骡子	Barren 或 span
公牛	Team，yoke，drove 或 herd
海豚	School，crowd，herd，shoal，或 gamReindeer
驯鹿	Herd
犀牛	Crash
海豹	Pod，herd，trip，rookery 或 harem
羊	Flock，hirsel，drove，trip 或 pack
松鼠	Dray
猪	Sounder，drift，herd 或 trip
海象	Pod 或 herd
鼬鼠	Pack，colony，gam，herd，pod 或 school
鲸	School，gam，mob，pod 或 herd
狼	Rout，route 或 pack
斑马	Herd

哪些哺乳动物的妊娠期最短?

妊娠期指胎生动物从受精到出生所经历的一段时间。已知哺乳动物最短的妊娠期为 12 ~ 13 天,为以下 3 种有袋动物:北美负鼠、生活在南美中北部的蹼足负鼠和澳大利亚东部的袋鼬。这些有袋动物的幼崽出生时尚未发育完全,需要在母亲腹部的育儿袋内完成发育。这些负鼠的妊娠期平均为 12 ~ 13 天,有时仅为 8 天。非洲象是妊娠期最长的哺乳动物,平均 660 天,最长可达 760 天。

● 虽然有些哺乳动物可以滑翔,但唯一真正能飞的哺乳动物是蝙蝠,例如上图中的果蝠

有会飞的哺乳动物吗?

虽然人们会将有些哺乳动物(如鼯鼠、鼯猴)的滑翔视为"飞翔",但蝙蝠(翼手目,含 986 种)才是唯一真正会飞的哺乳动物。蝙蝠的"翅膀"是从身体两侧延伸到后腿和尾部的双层皮肤膜,实际上是背部和腹部皮肤的延伸。翼膜由较长的前肢(双臂)手指支撑。蝙蝠属夜间动物,身长从 1.5 英寸(25 毫米)~ 1.3 英尺(40.6 厘米)不等,生活在洞穴或岩缝中,在世界上绝大多数温带和热带地区均有分布。

大多数种类的蝙蝠以昆虫和水果为食，有些热带蝙蝠食用鲜花的花粉、花蜜和花内的昆虫。中等体形的蝙蝠通常捕食小型哺乳动物、鸟类、蜥蜴和青蛙，有些蝙蝠还会吃鱼。真正的吸血蝙蝠（3 种）会切开动物皮肤，吮吸鲜血，可能导致动物感染狂犬病。

大多数蝙蝠并不是凭借视力辨认道路，而是进化出叫作"回波定位"的声呐系统来确定物体的位置。蝙蝠在飞行时口鼻会发出声波。这些声波通常超出人类的听觉范围，以回声的方式反射回来。凭借这种方法，蝙蝠在黑暗中飞行时可以避开物体，并确定飞虫的位置。蝙蝠具有陆地动物最为灵敏的听觉，其听觉频率高达 120 ~ 210 千赫兹。而人类听觉的最高频率为 20 千赫兹。

与其他哺乳动物相比，人类屏住呼吸的能力如何？

哺乳动物	平均时间（分钟）
人类	1
北极熊	1.5
潜水采珠人（人类）	1.5
海獭	5
鼠海豚	6
鸭嘴兽	10
麝鼠	12
河马	15
海豹	15 ~ 28
海牛	16
海狸	20
北极露脊鲸	60
抹香鲸	90
拜氏鲸	120

海洋哺乳动物潜水的深度是多少?

以下列举了各种水生哺乳动物的最大潜水深度和最长时间:

哺乳动物	最大深度(英尺/米)	潜水最长时间
鼠海豚	984/300	15 分钟
长须鲸	1148/350	20 分钟
拜氏鲸	1476/450	120 分钟
威德尔氏海豹	1968/600	70 分钟
抹香鲸	>6562/>2000	90 分钟

"像蝙蝠一样瞎" 这一说法有何依据?

俗语"像蝙蝠一样瞎"其实并不对。尽管蝙蝠依靠声波导航、寻找食物,但它们的眼睛具有普通哺乳动物眼睛的所有结构,并且确实也能看见。

与其他哺乳动物相比,人类的心跳速率如何?

哺乳动物	安静心率(单位:次/分)
人类	75
马	48
奶牛	45 ~ 60
狗	90 ~ 100
猫	110 ~ 140
大鼠	360
小鼠	498

蝙蝠如何在黑夜中捕捉飞虫？

蝙蝠用声波进行交流、导航。它们发出的超声波频率最低为200赫兹，最高可达3万赫兹。超声波从鼻孔或嘴巴发出，复杂的振翅行为能够为超声波提供精确的方向。超声波的回声使蝙蝠能够识别前方远处的小飞虫。凭借极其灵敏的耳朵和机动灵活的能力，许多蝙蝠能够在黑暗的洞穴内飞来飞去、捕捉昆虫，而不必担心相撞。

哪些动物具有育儿袋？

有袋目动物（意为"有育儿袋"动物）在解剖学和生理特征上与其他所有哺乳动物不同。许多雌性有袋动物，如袋鼠、小袋鼠、袋狸、袋熊、袋食蚁兽、考拉、负鼠和袋獾等具有一个腹部育儿袋（也称育幼袋），可用来背负幼崽。然而，有些小型陆地有袋动物的育儿袋并非真正的袋子，仅仅是围绕乳房（乳头）的一层皮肤褶皱。

有袋动物的妊娠期较短（相对于其他体形相似的哺乳动物来说），幼崽在出生时尚未发育完全。因此，人们又将它们视为"原始"或低级哺乳动物。但是，如今有些人认为，有袋动物的繁殖过程要比胎儿发育完全、有胎盘的胎生动物具有优势。雌性有袋动物在短暂的妊娠期内消耗的资源相对较少，哺乳期的幼崽在育儿袋中时更是如此。类似的情况下，如果雌性有袋动物失去幼崽，它可以比有胎盘的胎生动物更快地再次怀孕。

哪些哺乳动物产卵并哺乳幼崽？

原产于澳大利亚、塔斯马尼亚岛和新几内亚的鸭嘴兽、短吻针鼹和长吻针鼹是仅有的3种产卵（非哺乳动物特征）却哺乳幼崽（哺乳动物

我们身边的生命

特征）的哺乳动物。这些哺乳动物（单孔目）与爬行动物的相似之处在于它们会产下坚韧、有外壳包裹的蛋，在母体外孵化。此外，它们在消化、生殖和排泄系统及许多解剖学细节方面（眼结构、某些头骨、肩胛带、肋骨和脊椎结构）与爬行动物较为类似。但是，因为它们体表被毛，血液恒温，心脏有四个腔，用乳汁哺乳幼崽，并具有某些哺乳动物的骨骼特征，所以这些动物被划分为哺乳动物。

哪些淡水哺乳动物有毒？

雄性鸭嘴兽的后腿部长有有毒足刺。在受到威胁时，鸭嘴兽会将足刺刺入潜在敌人的皮肤内，产生巨大的刺痛感。这一功能释放的毒液较为温和，通常不会对人类造成伤害。

鼠海豚和海豚有什么不同？

海豚（海豚科）和鼠海豚（鼠海豚科）总共约分为 40 个种类。两者的主要区别在于口鼻和牙齿。真正的海豚口鼻呈鸟嘴状，并具有锥形牙齿。而鼠海豚口鼻呈圆形，牙齿扁平或呈铲状。

哪种虚构角色是由海牛引发而来的？

海牛与它的近亲海象、儒艮很可能是美人鱼传说的灵感来源。海牛科动物的学名〝Sirenus〞，源自美丽的美人鱼之名——〝siren〞。在古老的传说中，美人鱼会将痴情的水手诱惑致死。

各种大型鲸的重量和长度分别是多少？

鲸	平均重量（单位：短吨/千克）	最大长度（单位: 英尺/米）
抹香鲸	35/31 752	59/18
蓝鲸	84/76 204	98.4/30
长须鲸	50/45 360	82/25
座头鲸	33/29 937	49.2/15
露脊鲸	50（估值）/45 360（估值）	55.7/17
大须鲸	17/15 422	49.2/15
灰鲸	20/18 144	39.3/12
弓头鲸	50/45 360	59/18
布氏鲸	17/15 422	49.2/15
小须鲸	10/9072	29.5/9

什么鲸的游泳速度最快？

虎鲸（或称逆戟鲸）是游泳速度最快的鲸。事实上，它也是速度最快的海洋哺乳动物，速度可达 31 英里/小时（50 千米/小时）。

世界上唯一的四角动物是什么？

四角羚原产于印度中部地区。雄性羚羊双耳之间有两只短角，通常长 4 英寸（10 厘米）；更短的一对角长 1 ~ 2 英寸（2.5 ~ 5 厘米），生长在两眼的眉脊之间。并非所有的雄性羚羊都长有 4 只角，有些雄性羚羊的第二对角最终会脱落。雌性羚羊则完全没有角。

有没有生活在沙漠中的猫？

沙丘猫是唯一与沙漠有直接关系的猫科动物。沙丘猫生活在北非、阿拉伯半岛、土库曼斯坦、乌兹别克斯坦和巴基斯坦西部地区，已经适应了极端干旱的沙漠环境。沙丘猫脚底的肉垫非常适合疏松的沙质土壤，无须单独饮水也可生存。沙丘猫的皮毛浓密，呈沙土色或灰赭色，体长 17.5 ~ 22 英寸（45 ~ 57 厘米）。沙丘猫主要在夜间活动，以啮齿动物、野兔、鸟类和爬行动物为食。

中国荒漠猫名不副实，这种猫并不生活在沙漠中，而是栖息在草原和高山地区。同样，亚洲野猫栖息在印度、巴基斯坦、伊朗和俄罗斯亚洲地区的广阔平原地带。

什么熊生活在热带雨林地区？

马来熊是热带雨林中最稀有的动物之一，分布在苏门答腊岛、马来半岛、婆罗洲、缅甸、泰国和中国南方的热带雨林中。作为最小的熊，马来熊长 3.3 ~ 4.6 英尺（1 ~ 1.4 米），重 60 ~ 143 磅（27 ~ 65 千克），身体矮壮结实。马来熊皮毛又黑又短，一道橙黄色的新月横贯胸部，据传代表着冉冉升起的太阳。强有力的脚掌上有长长的弧形爪，有助于在茂密的森林中爬树。马来熊是爬树专家，会撕裂树皮寻找昆虫、幼虫和蜜蜂以及白蚁的巢穴。它的日常食物还包括水果、椰子和小型啮齿动物。马来熊白天睡觉、晒日光浴，晚上则出来活动。马来熊异常胆小害羞，生性谨慎聪明。但随着森林的破坏，马来熊的数量正在逐渐减少。

北美洲最大的陆地哺乳动物是什么？

美洲野牛是北美洲最大的陆地哺乳动物，重达 3100 磅（1406 千克），高 6 英尺（1.8 米）。

骆驼将水分存储在驼峰中吗？

驼峰内存储的是脂肪，而不是水分。骆驼可以长时间不喝水，如果有充足的植物和露水，可以十个月不喝水。这是许多生理性适应的结果。一个主要的因素是，骆驼的体重就算减轻 40%，也不会出现任何不良反应。骆驼还可以经受高达 14 摄氏度的体温变化。一头骆驼 10 分钟内可饮水 30 加仑（约 114 升），几个小时的饮水量可达 50 加仑（约190 升）。独峰驼通常又名阿拉伯骆驼；双峰驼有两个驼峰，生活在荒芜的戈壁沙漠里。双峰驼仅限于亚洲，而大多数阿拉伯骆驼生活在非洲的土地上。

一头豪猪有多少刚毛？

北美豪猪一般有大约 3 万根刚毛（或称特化毛发）。作为防御性武器，刚毛的硬度和灵活性堪比塑料，尖端极其锋利，可刺穿任何兽皮。最具杀伤力的刚毛较短，散布在豪猪肌肉发达的尾部。豪猪只需要抽打数下，就可以将带有鳞片状倒刺的刚毛刺入对方皮肤。由于倒刺和受害者本能的肌肉活动，刚毛深入对方体内。有时，刚毛会自己脱落，有时也会刺穿要害器官，导致受害者死亡。

豪猪行动缓慢、健壮结实，大部分时间待在树上，用可怕的门牙剥掉树皮和树叶寻找食物，并用果实和草补充饮食。作为食草动物，豪猪的饮食中缺乏盐，因此对食盐极其贪婪。天然盐渍地、食肉动物遗弃的动物骨头、黄睡莲以及其他含盐量高的物品（包括涂料、胶合板黏合剂和带有汗渍的衣服）对于豪猪都具有极强的吸引力。

非洲象和印度象有什么不同?

非洲象是现存最大的陆地动物，重达 7500 千克，站立时肩高 10 ~
13 英寸（3 ~ 4 米）。印度象重 5500 千克，肩高 10 英尺（3 米）。
其他不同点还包括：

非洲象	印度象
耳朵较大	耳朵较小
妊娠期约 660 天	妊娠期约 610 天
耳朵顶端向后	耳朵顶端向前
背部凹陷	背部凸起
后足有 3 个趾甲	后足有 4 个趾甲
象牙较大	象牙较小
象鼻端有两个指状嘴唇	象鼻端仅有一个嘴唇

上图为非洲象（左）和亚洲象（右）。两者并排而立时，很容易就能发现不同之处

为什么奶牛有 4 个胃？

奶牛以及所有反刍动物的胃分为 4 个部分——瘤胃、网胃、重瓣胃和皱胃。反刍动物进食很快，能直接吞下不完全咀嚼的食物。食物的液体部分先进入网胃，而固体部分进入瘤胃后得到软化。作为消化的第一步，瘤胃中的细菌首先将其分解。随后，反刍动物将食物回流到嘴中重新咀嚼。奶牛每天咀嚼反刍食物 6 ~ 8 次，全部反刍时间为 5 ~ 7 个小时。咀嚼后的反刍食物直接进入胃的其他腔室，在各种微生物的协助下进一步消化。

人们为什么用克莱兹代尔马作战马？

克莱兹代尔马是欧洲人所称的"骏马"之一。中世纪时，人们专门饲养这种马供盔甲厚重的骑士骑乘。这些马必须足够强壮，才能承载自己身上 80 磅（36 千克）的盔甲以及骑士身披的 100 磅（45 千克）的盔甲。但是，步枪的发明迅速终结了克莱兹代尔马和其他骏马在战场上的作用，因为速度和机动能力变得比力量更为重要。

为什么斑点狗会成为"消防狗"？

在汽车发明之前，四轮马车的旁边经常有狗陪伴，以防止马匹被盗。大麦町犬（斑点狗）尤其因为与马儿密切相关而闻名。而且，拥有当地最强、最快马匹的消防员也会在消防站内养狗，防备盗马贼。虽然现在消防车已经取代了马匹，但大麦町犬却作为消防站生活的一部分保留了下来。因为这些狗狗的外表漂亮，还能让人们体味到怀旧情结。

长颈鹿的脖子有多少块椎骨？

与其他哺乳动物一样，长颈鹿的脖子中也是 7 块椎骨，只是椎骨已经大大地拉长了而已。

臭鼬喷出的臭气中含有什么化学成分？

臭气的主要气体成分是丁烯基硫醇、异戊酯硫醇和甲基丁烯基硫醚，三者的比例为 4：4：3。这是一种油质、淡黄色的液体，气味难闻，会导致眼睛严重发炎。这种防御武器从肛门内两个小腺体喷射而出——或者是细密的喷雾，或者是一小串雨点大小的水滴。尽管液体射程只有 6.5 ~ 10 英尺（2 ~ 3 米），但其臭味在下风口 1.5 英里（2.5 千米）外也能闻到。

宠物

哪种狗历史最为悠久？

狗是最早驯养的动物，出现在 1.2 万 ~ 1.4 万年前。它们是野生犬科动物（很可能是狼）的后代，其祖先经常光顾容易获取食物的人类聚居地。人们将较凶猛的犬齿动物赶走、杀死，将性情较温顺的留了下来帮忙看家、打猎，或者是用于放牧（例如羊）。很快，人类开始有选择性地培育它们的理想特性。

萨卢基犬是最古老的纯种狗。在美索不达米亚平原，约公元前 7000 年苏美尔人的石雕上描绘的狗与萨卢基犬极其相似。萨卢基犬高 23 ～ 28 英寸（58 ～ 71 厘米），头部长而狭窄，皮毛光滑柔顺，颜色有白色、奶油色、浅黄褐色、金色、红色、灰色（青白灰），以及棕褐色、黑棕色或者三种颜色混杂（白色、黑色与棕褐色）。它们的尾巴较长，呈羽毛状。萨卢基犬的视力良好、速度极快，是一种优秀的猎犬。

哪种狗最适合有幼儿的家庭饲养？

研究表明，有幼儿的家庭最适宜饲养：金毛寻回犬、拉布拉多猎犬、比格犬、柯利牧羊犬、比熊犬、凯安梗、巴哥犬、猎浣熊犬、拳师犬、巴吉度猎犬或上述品种的混血狗。

成人的骨骼与成年狗的骨骼相比有什么不同？

	成人	成年狗
骨骼数量	206	321
椎骨数量	33	50
关节数量	200 多	300 多
成熟年龄	18	2
最长的骨头	股骨（大腿骨）	尺骨（前臂骨）
最小的骨头	听小骨（耳骨）	听小骨（耳骨）
肋骨数量	每侧 12 条	每侧 18 条

狗有哪些不同的种类？

按饲养目的可将狗分为若干种类。

种类	目的	代表品种
猎犬	搜索猎到的鸟	可卡犬、英国塞特犬、史宾格犬、金毛寻回犬、爱尔兰塞特犬、拉布拉多猎犬、指示犬。
狩猎犬	狩猎	巴仙吉犬、比格犬、达克斯猎犬、猎狐犬、灵缇犬、萨卢基犬、罗得西亚脊背犬。
梗类犬	猎取小型动物	艾尔谷小猎犬、贝林登小猎犬、斗牛犬、猎狐犬、迷你雪纳瑞犬、苏格兰梗犬、斯凯犬、西部高地白猎犬。
宠物犬	小伙伴或玩弄于膝盖上	吉娃娃犬、马尔他犬、北京犬、博美犬、巴哥犬、西施犬、约克郡小猎犬。
牧羊犬	保护羊和其他牲口	澳洲牧牛犬、法兰德斯畜牧犬、柯利牧羊犬、德国牧羊犬、匈牙利长毛牧羊犬、古代英国牧羊犬、威尔士柯基犬。
工作犬	放牧、救援和拉雪橇	阿拉斯加雪橇犬、拳师犬、杜宾犬、大丹犬、马士提夫犬、圣伯纳德犬、哈士奇犬。
非运动犬	无具体用途，非宠物狗	波士顿猎犬、斗牛犬、大麦町犬、日本秋田犬、荷兰狮毛犬、拉萨犬、贵宾犬。

哪种狗对人类最危险？

根据 1979 年至 1998 年搜集的数据，这 20 年间，共发生了 238 起被狗咬伤致死的事件。与死亡事故相关最多的品种为：

品种	已知致命袭击事故
比特犬	66
罗特韦尔犬	39
德国牧羊犬	17
哈士奇犬	15
爱斯基摩犬	12
杜宾犬	9
松狮犬	8
大丹犬	7
圣伯纳德犬	7
日本秋田犬	4

最近，一项从 2006 年 1 月到 2008 年 12 月为止的为期 3 年的调查显示出类似的结果：

品种	已知致命袭击事故	占总数的百分比
比特犬	52	59%
罗特韦尔犬	12	14%
美国斗牛犬	4	5%
哈士奇犬	4	5%
德国牧羊犬	3	3%
杜宾犬	2	2%
松狮犬	2	2%
混血狼犬	2	2%
拉布拉多猎犬	2	2%

哪种狗最容易训练？

针对 56 种较受欢迎的狗进行的研究发现，最容易训练的狗是喜乐蒂牧羊犬、西施犬、迷你犬、标准贵宾犬、卷毛比熊犬、英国史宾格犬和威尔士柯基犬。

为什么狗的耳朵听到的声音比人类多？

狗的耳朵机动灵活，能够搜索周围环境的声音。狗耳捕捉到声音后，将声音传送到鼓膜。狗类的听觉距离是人类听觉距离的 5 倍。

为什么狗会对着警报器吠叫？

警报器的音高与狗类吠叫的音高非常相似。狗与狗之间通过吠叫进行交流——表明自身的位置或者划定地盘。所以，当狗对着救护车或消防车的警报器吠叫时，其实是在"回归野性的呼唤"。

哪种狗不会脱毛？

贵宾犬、凯利蓝梗犬和雪纳瑞犬不会脱毛。

哪种狗又叫皱纹狗？

沙皮犬（中国斗犬）身上覆盖着松松垮垮的褶皱皮肤，站立时高 18 ~ 20 英寸（46 ~ 51 厘米），重达 50 磅（22.5 千克）。沙皮犬毛色单一，可以为黑色、红色、浅黄褐色或奶油色。这种狗起源于约 2000 年前的中国西藏或北方省份。然而，中国政府一度对沙皮犬课以重税，以至于很少有人能够养得起，致使这种狗濒临灭绝。但是，有些人将沙皮狗走私出了中国，而后又到了美国、加拿大和英国。虽然沙皮犬属于斗犬，但通常却极为温顺。

小狗 "马乔丽" 为医学做出了哪些贡献?

马乔丽（Marjorie）是一条患有糖尿病的黑白色混血狗。它是第一只通过注射胰岛素（控制血糖含量的物质）存活的动物。

哪种狗又名不吠之犬?

巴仙吉犬不会吠叫。这种狗高兴时会发出一种动人的声音，有点介于欢唱和假唱之间。偶尔，它也会吠叫、咆哮。巴仙吉是世界上最古老的犬种之一，源自中非地区，经常被当作礼物进贡给古埃及的法老。古埃及文明衰落后，巴仙吉在中非地区依然因为它高强的狩猎能力和安静的性格而备受青睐。19 世纪英国探险家重新发现了这种狗。但直到 20 世纪 40 年代，巴仙吉才得到广泛的繁育。

巴仙吉体形小巧，头骨扁平，口鼻长而圆，肩高 16 ～ 17 英寸（40 ～ 43 厘米），体重 22 ～ 24 磅（10 ～ 11 千克）。皮毛较短，质地光滑，双脚、胸部和尾端呈白色，身体其他部分为栗红色、黑色或黑色与棕褐色。

狗最喜欢什么食物的味道？

在针对不同食物的研究中，研究人员发现狗对肝脏和鸡肉的喜爱超过其他食物（汉堡、鱼肉、蔬菜和水果等）。

最稀有的狗是什么狗？

塔尔坦熊犬是世界上最稀有的狗，全球仅剩几只。加拿大西部地区的塔尔坦印第安人曾用这种濒临灭绝的塔尔坦熊犬捕捉熊、猞猁和豪猪。

怎样将狗和猫的年龄换算为人类的年龄？

猫在 1 岁时，相当于人类的 20 岁。此后，每增加 1 岁就相当于人类增长 4 岁。另外一种计算猫年龄的方法略有不同。猫在 1 岁时，相当于人类的 16 岁。2 岁时，相当于人类的 24 岁。此后，每增加 1 岁就相当于人类增长 4 岁。

狗 1 岁时，大约相当于人类的 15 岁。2 岁时，相当于 24 岁。2 岁后，每增加 1 岁就相当于人类增长 4 岁。

猫和狗的记忆力好吗？

狗具有长期记忆，尤其是对于它们爱的人更是如此。猫只能记住对于生命具有重要意义的事情。有些猫似乎对于寻找某些地点具有超常的记忆力。离家后，它们似乎能够记住生活过的地方。"归位"能力的关键可能是一种类似于鸟类的内在天文导航能力；或许猫的导航能力应归功于它们对地球磁场的敏感性。如果将磁铁附在猫身上，它们的导航能力就会受到干扰。

什么是虎斑猫?

"虎斑"是猫科动物基本的毛皮图案,可追溯到猫受到人类驯养之前。虎斑毛皮是一种绝佳的伪装。每根毛发都有 2 ~ 3 条深、浅条纹,顶端永远为黑色。基本的虎斑花纹存在 4 种变化。

鱼骨斑(也称条纹虎斑或老虎虎斑)的黑色线条从头部沿背部而下,直到尾部,若干条条纹沿体侧延伸。腿部有条纹,尾巴斑纹呈环状,尾端为黑色。腹部有两排黑色斑点,眼睛上方有 M 状标记,黑色线条向后延伸到两耳。胸部还有两条项链状条纹。

墨渍斑或经典斑似乎与野生虎斑猫最为接近。头部、腿部、尾巴和腹部的斑纹与鱼骨斑完全相同。主要差别在于,其肩部与身体两侧有黑色斑块,由一条或多条斑纹围绕镶嵌。

圆点斑的全身与腿部布满形状一致的圆形或椭圆形斑点。前额斑纹呈 M 形,背部有一条细长的黑色斑纹。

阿比西尼亚斑全身几乎没有黑色斑纹;斑纹仅出现在前腿、两侧和尾部。除腹部颜色单一且较浅外,全身皮毛均带有斑纹。

是什么决定着暹罗猫身上的斑点?

暹罗猫带有斑点,这是因为它们体内有一种隐性基因;这种基因只在较低的温度下才有作用,将斑点限定在特定区域内——面部、耳朵、尾巴、小腿和爪子(心血管系统的末端位置)。

暹罗猫传统上分为 4 种:海豹色斑点的皮毛为浅黄褐色或奶油色,身上带有黑褐色斑纹。蓝色斑点为青白色,身上带有青蓝色斑

🔵 暹罗猫身上的斑点由隐性基因控制,这种基因会在不同的温度下影响皮毛的颜色

纹。巧克力色斑点身体为象牙色，带有巧克力棕色斑纹。紫丁香色斑点身体为白色，带有粉灰色斑纹。此外还有一些新的品种，例如红色斑点、奶油色斑点和虎斑。暹罗猫原产于泰国（旧称暹罗），19世纪80年代引进英格兰。它们体形适中，身体修长、柔软轻盈，头部细长，尾长，呈锥形。暹罗猫性格外向、情感丰富，其声音响亮独特，令人难忘。

为什么猫咪有胡须？

目前尚无法完全了解猫咪胡须的功能。人们认为猫的胡须与触觉有关。去掉胡须会在一定时间内扰乱猫的生活。有些人认为，胡须在黑暗中起到天线的功能，使猫可以辨认出看不到的物体。胡须还可能帮助猫找到气味的来源方向。此外，在夜间不平的地形跳跃、奔跑时，猫将胡须向下指，就可以为自己引路。

为什么猫的眼睛在黑暗中发亮？

猫的眼睛含有一种叫作"明毯"的特殊光存储机制，能够反射任何经过视网膜时未经吸收的光线。因此可以说，视网膜会得到接收光线的第二次机会，帮助增强猫的视力。在昏暗的光线中，猫眼的瞳孔开到最大，当光线以某个角度射入瞳孔时，就会出现发光现象。明毯位于视网膜之后，由15层特殊发光细胞组成，相当于一面镜子。猫眼发出的光通常为绿色或金色，但暹罗猫的眼睛反射的光为明亮的宝石红色。

猫咪为什么会发出咕噜咕噜的声音？

科学家们对这一问题有不同的看法。有些科学家认为，咕噜咕噜的声音是猫胸腔内大静脉中血液振动的结果。静脉穿过膈肌，其周围肌肉收缩，促进血液流动，产生振动。这些声音被支气管和气管中的空气放大。其他人认为，声音其实是声带附近的假声带振动。没有人确切知道猫为什么发出咕噜咕噜的声音，但许多人将这种声音理解为满足感。猫在痛苦中也会发出咕噜声，比方说生产或者将死之时，它们可能是在抚慰自己吧。

哪些植物会使猫中毒？

会使猫中毒的常见室内植物有：
五彩芋
花叶万年青
一品红
常春藤
槲寄生
夹竹桃
喜林芋
桂樱（普通桂树或樱桂）
杜鹃花
珊瑚豆（玉珊瑚或冬珊瑚）

如何为宠物除臭？

可以从宠物商店购买专门的除臭产品。这些产品大多含有酶或细菌酶的变体，可立即使用，无须事先清洗宠物。也可以用番茄汁、稀释的醋给狗狗洗澡。再或者，你也可以试试薄荷漱口水，修脸润肤露，或者用香皂加清水。

哪些鸟类最适宜做宠物？

许多种鸟类都适合做家庭宠物，而且预期寿命也比较理想：

鸟类	预期寿命（单位：年）	考虑因素
燕雀	2～3	易照顾
金丝雀	8～10	易照顾，雄鸟会鸣唱
虎皮鹦鹉（长尾鹦鹉）	8～15	易照顾
鸡尾鹦鹉	15～20	易照顾，易训练
情侣鹦鹉	15～20	可爱迷人，但不易照顾或训练
亚马孙鹦鹉	50～60	健谈，但有时会大吵大嚷
非洲灰鹦鹉	50～60	健谈，从不吵嚷

白宫曾经养过哪些特殊的宠物？

已经有多种特殊的动物入住过白宫。1825 年，拉法耶特侯爵（Marquis de Lafayette，1767～1848）访问美国，一位心怀感激的美国公民赠给他一头短吻鳄。由于拉法耶特是总统约翰·昆西·亚当斯（John Quincy Adams，1767—1848）的座上客，这头短吻鳄便在白宫的东厅居住了几个月，直到拉法耶特离开时才一并带走。约翰·昆西·亚当斯夫人（1775—1852）养的宠物也很特殊：以桑叶为食的桑蚕。其他的白宫主人还养过角蟾、青蛇和长鼻袋鼠。西奥多·罗斯福（Theodore Roosevelt，1858—1919）曾带回在堪萨斯州竞选时别人赠的獾。亚伯拉罕·林肯（Abraham Lincoln，1809—1865）全家养了一群兔子与一对叫作南希和南科的山羊。卡尔文·柯立芝总统（Calvin Coolidge，1872—1933）养了一头浣熊作为自己的宠物。而密西西比州的捐赠者本意是要总统将其杀掉，作为感恩节的晚餐。这头浣熊名为丽贝卡，养在总统办公室附近的一个大围栏内。

其他曾入住白宫的特殊宠物有：

美国总统	宠物
马丁·范·布伦（1782—1862）	两只老虎崽
威廉·亨利·哈里森（1773—1841）	公羊；达勒姆短角牛
安德鲁·约翰逊（1808—1875）	小老鼠
西奥多·罗斯福（1858—1919）	狮子、鬣狗、野猫、郊狼、5头熊、斑马、仓鸮、蛇、蜥蜴、公鸡、浣熊
威廉·霍华德·塔夫脱（1857—1930）	奶牛
卡尔文·柯立芝（1872—1933）	浣熊、驴、山猫、幼狮、沙袋鼠、侏儒河马、熊

问题索引

图书在版编目（CIP）数据

爱问百科. 我们身边的生命 / 美国匹兹堡卡耐基图
书馆编著；许楠楠，赵德岷译. -- 北京：北京联合出
版公司，2016.1
ISBN 978-7-5502-6634-6

Ⅰ. ①爱… Ⅱ. ①美… ②许… ③赵… Ⅲ. ①科学知
识—普及读物 Ⅳ. ①Z228

中国版本图书馆CIP数据核字(2015)第268528号

THE HANDY SCIENCE ANSWER BOOK, 4th Edition
Copyright © 2011 by Visible Ink Press
Simplified Chinese translation copyright © 2015 by United Sky (Beijing) New Media Co., Ltd.
Published by arrangement with Visible Ink Press
through Bardon-Chinese Media Agency
All rights reserved.

北京市版权局著作权合同登记 图字：01-2015-6267

  关注未读好书

爱问百科. 我们身边的生命

作　　者：美国匹兹堡卡耐基图书馆
译　　者：许楠楠　赵德岷
出 品 人：唐学雷
策　　划：联合天际
特约编辑：边建强　吴　勐
责任编辑：李　伟　刘　凯
美术编辑：王颖会
封面设计：宝木三兽

北京联合出版公司出版
（北京市西城区德外大街83号楼9层　100088）
北京鹏润伟业印刷有限公司印刷　新华书店经销
字数188千字　710毫米×1000毫米 1/16　14.75印张
2016年1月第1版　2016年1月第1次印刷
ISBN 978-7-5502-6634-6
定价：39.80元
